上海研究院智库丛书

丛书主编 李培林

中国文化消费报告

（2015）

Report on China's Cultural Consumption
(2015)

吕 炜 等/编著

社会科学文献出版社
SOCIAL SCIENCES ACADEMIC PRESS (CHINA)

本书由中国社会科学院文化研究中心"文化产业重大课题研究计划"和上海研究院联合资助。

目 录
CONTENTS

总 报 告

中国文化消费年度综合评价和建议 / 001

  一　文化消费阶段性特征判断 / 002

  二　增加政府文化消费支出的再判断 / 015

  三　政策建议 / 019

理 论 研 究

文化消费评估研究报告 / 023

  一　评估框架与方法 / 023

  二　全国文化消费评估 / 029

  三　政府—居民视角下的文化消费评估 / 031

  四　城镇—农村视角下的文化消费评估 / 043

文化消费区域研究报告

我国文化消费区域分布研究 / 057

  一　我国文化消费的空间分布 / 058

二 区域文化消费现状 / 071

三 区域文化消费差异的影响因素 / 074

四 促进区域文化消费协调发展的对策建议 / 079

城镇化背景下的城乡文化消费研究 / 085

一 城乡文化消费现状 / 085

二 城乡文化消费的主要问题 / 090

三 促进城乡文化消费融合发展的对策建议 / 094

新兴文化消费研究报告

新兴文化消费的成长

——基于新媒体发展的考察 / 101

一 新媒体的发展及其影响 / 101

二 新媒体上的文化消费 / 110

三 新兴文化消费的产业链形成——以网络文学产业为例 / 130

四 新兴文化消费的挑战与机遇 / 135

文化消费国际比较研究报告

典型国家文化消费发展现状 / 141

一 美国文化消费现状 / 141

二 英国文化消费现状 / 144

三 日本文化消费现状 / 147

四 韩国文化消费现状 / 150

典型国家文化消费比较分析 / 154

　　一　文化消费占比国际比较分析 / 154

　　二　文化消费重点领域国际比较分析 / 157

国外文化消费对中国的启示 / 160

　　一　国外文化消费重点领域对中国文化消费的启示 / 160

　　二　国外文化消费需求对中国文化消费的启示 / 163

　　三　国外文化产品质量监管对中国文化消费的启示 / 164

　　四　国外文化消费促进政策对中国文化消费的启示 / 165

大 事 记

2014～2015 年中国文化消费大事记 / 167

总 报 告

中国文化消费年度综合评价和建议

高学武　赵婷婷

文化消费可以简单理解为消费者对文化商品和服务的消费行为。对文化商品和服务消费环节的专项研究，有助于从消费者行为入手，为文化产业发展需求、政府文化公共服务体系建设、国家文化软实力提升提供支撑。本研究报告旨在勾画关于文化商品和服务消费行为的现状，总结特征，剖析问题，预测发展前景，并提出政策建议。

对文化消费的定义和范围界定更为严谨的研究正处于不断完善中，与之对应的统计和测算工作也在逐步发展。中国社会科学院文化研究中心主编的系列丛书中《中国文化产业发展报告（2014）》《中国文化消费报告（2014）》所涉及的文化消费，实际上是特指居民文化消费，具体包括读书看报、观看影视戏曲、购买艺术品等消费行为，对应到统计层面，则是指居民文化消费支出。国家统计局的《中国住户调查年鉴》从现金支出角度，即货币购买的角度对文化消费进行了界定，文化消费支出包括用于购置家庭文娱用耐用消费品和其他文娱用品的支出以及与文化娱乐活动有关的各种服务的费用。实际上，更广阔的视野有助于我们更全面地了解文化消费。从消费主体来讲，除了居民是消费主体之外，政府和非政府组织也是重要的消费主体，并且政府和非政府组织的消费行为的特殊性值得单独考察，与此紧密联系的是公共文化体系建设和满足公共文化消费相关议题。从消费者支付方式来讲，除了货币（现金）支出之外，传统意义上的文化参与等非货币化支出行为广泛存在，互联网技术和新的商业模式带来的免费消费同样值得关注。

随着研究的不断深入，本年度报告在 2014 年研究报告的思路和内容基础上，增加了对政府文化消费相关内容的研究。对于居民文化消费研究，考虑到数据的权威性和纵向横向的可比性，仍然基于国家统计局的统计标准和数据，对文化消费规模的测算会小于实际发生的规模，但结构性和趋势性的研究结论仍具有借鉴意义。

一　文化消费阶段性特征判断

根据国家统计局的《中国住户调查年鉴（2014）》和《中国文化及相关产业统计年鉴（2014）》数据测算，截至 2013 年年底，我国居民文化消费（现金）支出总量达到 13827 亿元，比 2012 年的 11502 亿元增长了 20%。其中，农村居民文化娱乐消费总支出[1]达到 3058 亿元，城镇居民文化娱乐消费总支出[2]达到 10769 亿元，分别比

---

[1]　由于统计口径的问题，农村文化消费数据仍然包括一部分教育消费支出，但是随着 2007 年全国农村免费义务教育的普及，这一比例越来越小，对研究结论不会产生较大影响。因此，本报告将 2007 年及以后年份的农村文化教育娱乐消费等同于文化娱乐消费，表述也不再区分。

[2]　从 2014 年起，《中国文化及相关产业统计年鉴（2014）》不再对城镇文教娱乐进行详细拆分，仅有人均文化消费支出数据，省份数据不再报告。因此，此处城镇文化消费支出仍然剔除了教育，而后面章节中涉及的详细分析则包含教育。

2012年增长了6.89%和24.63%。政府文化消费支出①达到2048亿元，比2012年增长了12.90%。居民文化消费支出和政府文化消费支出合计达到15875亿元。更进一步观察，2013年度的文化消费表现了一些显著特点。

（一）人均文化消费支出稳步增长，结构性特点值得关注

1. 人均文化消费支出突破1100元大关

如图1所示，2007～2013年，全国人均文化消费支出保持稳步增长态势，从2007年的人均文化消费支出535元上升到2013年的1167元②。"十二五"以来的3年时间，全国人均文化消费支出增长了近300元。如图2所示，2013年全国人均文化消费支出出现大幅增长，增幅达到18.48%。

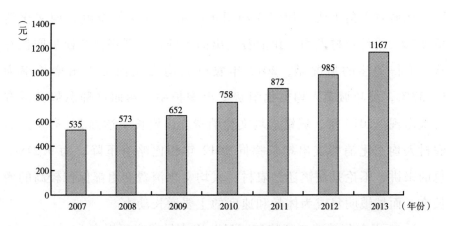

图1　2007～2013年全国人均文化消费支出情况

资料来源：根据《中国统计年鉴》《中国文化及相关产业统计年鉴》《国家文化文物统计年鉴》《住户调查统计年鉴》资料整理而得。

---

① 关于政府文化消费支出的详细界定、估算及研究等内容在本报告的第二部分。

② 由于统计口径和数据测算等原因，本课题阶段性成果中部分指标存在差异，现已统一修正，与课题相关其他研究成果以本报告为准，给读者带来不便之处，敬请谅解。

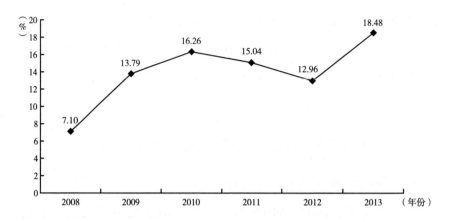

图 2　2008～2013 年全国人均文化消费支出增长率

资料来源：根据《中国统计年鉴》、《中国文化及相关产业统计年鉴》及城乡住户调查资料整理而得。

2. 城乡文化消费差距进一步拉大，城镇主导优势明显

从城乡视角来讲，如图 3 和图 4 所示，2013 年城镇人均文化消费支出大约是农村人均文化消费支出的 3 倍，二者仍保持稳步增长态势。值得关注的情况是，2012 年农村人均文化消费支出增长率为12.37%，反超城镇人均文化消费支出增长率，然而这种态势并没有再次出现。2013 年，城镇人均文化消费支出增长率达到 21.33%，而农村人均文化消费支出增长率同 2012 年相比略有下降，为 9.21%。总的来讲，不论是城镇还是农村，人均文化消费支出都保持较高的增长率，而城镇明显成为体量和速度的主要增长动力。

3. 新兴文化消费三低特征明显，用户付费意愿提高

传统文化消费和新兴文化消费融合发展是现阶段文化消费的又一个结构性特点。信息技术和互联网、移动互联网技术的发展极大地刺激了新兴媒体的发展以及新兴媒体和传统媒体的融合。面对不同的消费方式、消费渠道，甚至是全新的消费商品和服务的变革，文化消费领域得到极大扩展。以移动互联网为例，通过更进一步观察，笔者总

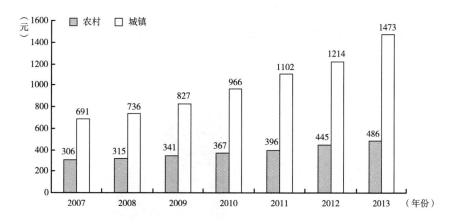

图3 2007～2013年农村人均文化消费支出和城镇人均文化消费支出

资料来源：根据《中国统计年鉴》和《中国文化及相关产业统计年鉴》资料整理而得。

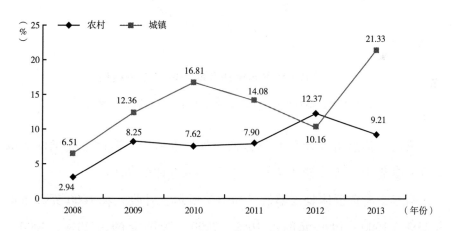

图4 2008～2013年城乡人均文化消费支出增长率

资料来源：根据《中国统计年鉴》和《中国文化及相关产业统计年鉴》资料整理而得。

结出一些新兴文化消费的特点，有助于更加深入地理解文化消费现阶段的特征。

第一，消费群体趋于年轻化。如图 5 所示，2013 年我国互联网网民用户规模达 6.52 亿个，30 岁（含 30 岁）以下的占比已经达到 60%。

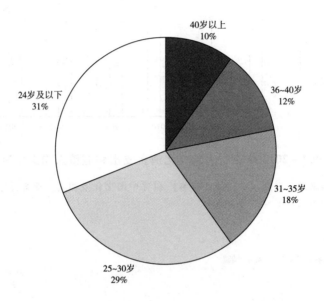

40岁以上
10%

36~40岁
12%

31~35岁
18%

25~30岁
29%

24岁及以下
31%

图 5　2013 年中国移动互联网网民年龄结构

资料来源：易观智库，《2013 年中国移动互联网统计报告》。

第二，消费群体学历整体偏低。如图 6 所示，我国互联网网民的学历大多集中在大专及大专以下水平，占总体的 74%。

第三，消费群体收入偏低。如图 7 所示，月收入在 1000 元以下的占 23%，1000~1999 元的占 10%，2000~2999 元的占 20%，3000~3999 元的占 19%，四个收入水平上集中了 72% 的互联网用户。

第四，用户付费意愿提高。付费用户数量逐渐增多，这得益于政府对版权的保护力度的加大和用户付费意识的逐渐增强。以网络文学为例，如图 8 所示，中国网络文学付费意愿调查显示，用户付费意愿明显提升，达到 28.9%，2011 年这个数据仅为 9.4%。

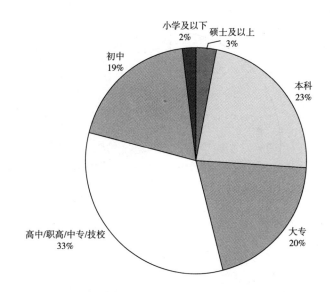

图6 2013年我国互联网网民的学历分布

资料来源：易观智库，《2013年中国移动互联网统计报告》。

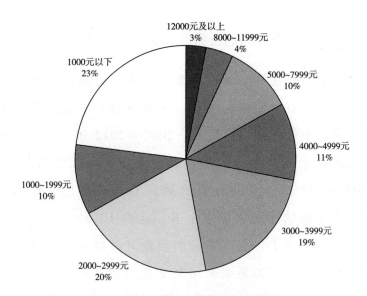

图7 2013年中国互联网用户月收入统计分布

资料来源：易观国际·易观智库·eBI中国互联网商情。

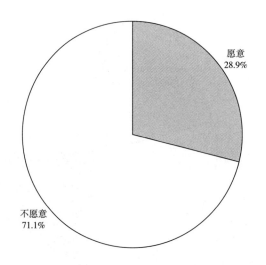

图8 2013 年中国网络文学用户付费意愿统计

资料来源：易观智库，《2013 年中国移动互联网统计报告》。

（二）文化消费成为消费新的增长点，有望开启新阶段

考察文化消费在整个居民现金消费中所处的位置有助于把握当前文化消费特点。如图 9 所示，2013 年居民文化消费支出占居民现金支出比重首次超过两位数。2007 ~ 2012 年，居民文化消费支出占居民现金消费支出的比重表现比较平稳，波动范围不大，在 7.40% ~ 7.96%。值得注意的是，2013 年居民文化消费支出占现金消费支出的比重大幅度上升，达到 10.50%。这样的表现很大程度上是受"十二五"期间消费提升战略实施和文化产业快速发展的双重影响。如果未来居民文化消费支出占比在居民消费结构中的上升势头能够保持平稳，那么 2013 年将成为文化消费步入新阶段的开端之年。

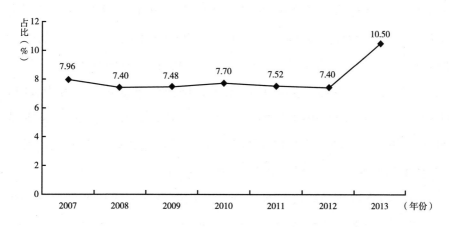

图9　居民文化消费支出占现金消费支出比重

资料来源：根据《中国统计年鉴》和《中国文化及相关产业统计年鉴》资料整理而得。

（三）文化消费作为"马车"的拉动效应显著

按照宏观经济框架，投资、消费和出口通常称为拉动经济增长的三驾马车。从文化消费和产业增加值、宏观经济指标对比分析来看，文化消费作为三驾马车之一拉动效应显著。

1. 经济进入新常态，文化消费逆势上扬

"十二五"以来，新常态是中国经济特征的高度概括，既表现为经济从高速增长转为中高速增长，也表现为经济结构不断优化升级，第三产业消费需求将逐步成为主体。如图 10 至图 13 所示，2011 ~ 2013 年，特别是 2013 年的国民总收入增长率、国内生产总值增长率、人均国内生产总值增长率和居民文化消费支出增长率的对比，明显的一降一升特征呈现了文化消费成为新常态下中国经济增长的标志性指标。

按照可比价格计算，国民总收入增长率、国内生产总值增长率、

人均国内生产总值增长率在 2007～2013 年均表现为明显的波动下滑趋势，而且下滑幅度大体一致。其中，2007～2010 年，三者的平均值均在 10% 以上，2011～2013 年，三者的平均值则均在 9% 以下，表现了明显的阶段性差异。具体来讲，国内生产总值增长率从 2011 年的 9.30% 下降至 2013 年的 7.67%，人均国内生产总值增长率从 2011 年的 8.8% 下降至 2013 年的 7.1%，相应地，国民总收入增长率从 2011 年的 8.73% 下降至 2013 年的 7.42%。

与经济发展呈现减缓趋势不同，文化消费支出增长率的上升趋势表现得十分显著。从 2008 年开始文化消费支出增长率快速增长，2010 年达到 18%，这是居民文化消费史上最高的增长率，而后两年略有回落，2013 年居民文化消费支出增长率再创新高，达到 20%，2011～2013 年年均增长率为 15.47%，年均增加 1524.5 亿元。

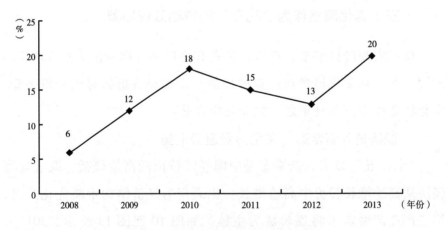

图 10　居民文化消费支出增长率

资料来源：根据《中国统计年鉴》《中国文化及相关产业统计年鉴》《国家文化文物统计年鉴》《住户调查统计年鉴》资料整理而得。

2. 消费成为推动文化产业快速增长的主要动力

考察文化消费现状与特点的目的之一，就是将文化生产过程中的

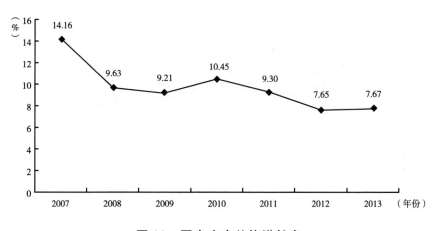

图 11　国内生产总值增长率

资料来源：根据《中国统计年鉴》和《中国文化及相关产业统计年鉴》资料整理而得。

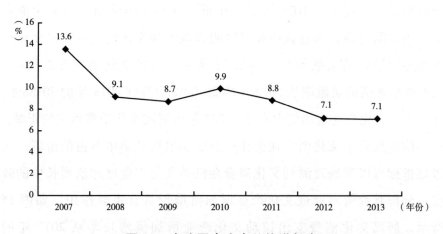

图 12　人均国内生产总值增长率

资料来源：根据《中国统计年鉴》和《中国文化及相关产业统计年鉴》资料整理而得。

消费、投资、出口各环节进行区分，有助于反映文化产业增长动力来源，也是沿袭"三驾马车"的国民经济核算及分析框架，对应的主要指标是贡献率和拉动效应。文化消费的贡献率指一定时期内文化消

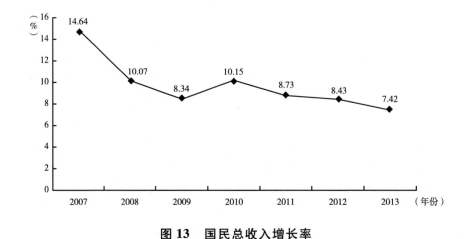

图13 国民总收入增长率

资料来源：根据《中国统计年鉴》和《中国文化及相关产业统计年鉴》资料整理而得。

费的增量占当期文化 GDP 增量的比重，反映了经济增长中文化消费增长所占的份额，通过该指标可以明确观测到文化消费增长对文化产业增加值增长的贡献大小。如图 14 所示，居民文化消费支出①对文化产业增加值的贡献率从 2012 年的 28.09%上升到 2013 年的 70.88%，这意味着文化产业增加值中有超过 2/3 是由居民文化消费做出的贡献。

　　拉动反映了文化消费在文化产业增加值增长率中所占的份额，通过该指标可以明确观测到文化消费在拉动文化产业增加值增长中的效应，分析其数值对促进文化产业增加值增长具有重要作用。如图 15 所示，居民文化消费支出拉动文化产业增加值增长率从 2012 年的 8.32%上升到 2013 年的 12.87%，这意味着 2013 年文化产业增加值增长率 18.15%中大部分是由居民文化消费拉动的。

----

① 文化消费支出是根据国民经济统计体系中的支出法核算的，文化产业增加值则是根据生产法核算的。根据生产法核算的文化产业增加值通常低于支出法核算的增加值。因此，贡献率的数值存在比实际数值偏大的情况。拉动的计算过程中，涉及这样的情况。计算结果仅供参考。

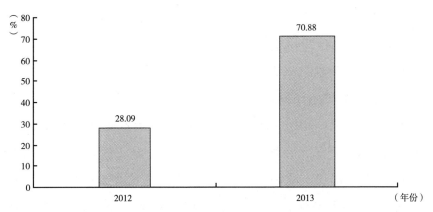

图14　2012～2013年居民文化消费支出对
文化产业增加值增长的贡献率

资料来源：根据《中国统计年鉴》和《中国文化及相关产业统计年鉴》资料整理而得。

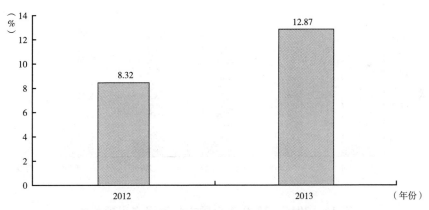

图15　2012～2013年居民文化消费支出对
文化产业增加值增长率的拉动

资料来源：根据《中国统计年鉴》和《中国文化及相关产业统计年鉴》资料整理而得。

（四）"十三五"时期文化消费将持续增长，增速略有下滑

2013年，全国文化消费支出15875亿元，比上年增长19.02%，

增速超过 2012 年 6 个百分点。其中，居民文化消费支出 13827 亿元，政府文化消费支出 2048 亿元，分别比上年增长 20.21% 和 11.54%。如图 16 所示，预测结果表明，"十三五"期间，文化消费总量将持续增长，但增速略有下降。

如图 16 所示，2016～2020 年，全国文化消费支出将从 2.55 万亿元增加到 4.65 万亿元，增长幅度达到 82.35%，平均年增长率达到 16.20%。其中居民文化消费支出从 2.22 万亿元增加到 4.12 万亿元，增长幅度达到 85.59%，平均年增长率达到 16.72%。政府文化消费支出从 0.33 万亿元增加到 0.53 万亿元，增长幅度达到 60.61%，平均年增长率达到 12.57%。

图 16　2016～2020 年全国文化消费支出预测值

资料来源：根据《中国统计年鉴》和《中国文化及相关产业统计年鉴》资料整理而得。

值得注意的是，"十三五"期间文化消费支出增幅将出现下滑趋势。如图 17 所示，总文化消费支出增长率将从 2016 年 17.06% 下降到 2020 年的 15.54%。

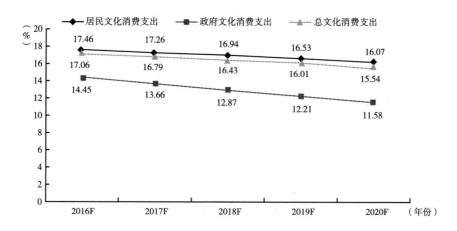

图17　2016～2020年全国文化消费支出增长率预测值

资料来源：根据《中国统计年鉴》和《中国文化及相关产业统计年鉴》资料整理而得。

二　增加政府文化消费支出的再判断

文化消费除了居民文化消费（现金）支出之外，还应包括一部分免费获得的文化产品和服务，如电视、广播。政府以公共文化支出形式建立的图书馆、博物馆等公共文化服务设施也转化为一部分非货币形式的文化消费。按照国民经济核算体系来讲，根据消费主体来划分，文化消费包括政府文化消费、居民文化消费和非营利组织为提供文化产品和服务所发生的支出。由于目前统计尚未直接提供政府和非营利组织发生的支出，因此，作为深入研究的尝试，本部分重点厘清政府文化消费支出的内涵、统计方法，并选用合适的指标进行估算，为更为完整地认识文化消费而做出努力。在我国，非营利部分份额很小，因此笔者暂不进行研究。

相对于居民文化消费支出，政府文化消费是指政府部门为全社会提供公共文化产品和服务所形成的消费支出和免费的或以较低价格向居民提供的文化方面的货物和服务方面的净支出。对于政府文化消费数据笔者采用的是 SNA 核算体系的政府消费的数据处理方法：

$$政府文化消费支出 = 文化经常性业务支出 - 政府部门文化市场性收入$$
$$+ 文化部门固定资产折旧$$

此公式中，笔者粗略地用消费系数乘以财政文化支出，财政文化支出的数据采用财政部给出的扣除体育费用的文化体育与传媒支出的数据。固定资产折旧的计算有所不同，全国文化部门的固定资产折旧数据用的是 1987～2013 年年固定资产累计折旧额乘以折旧率 4%，而省级的固定资产折旧数据用的是 1995～2013 年的固定资产累计折旧额乘以 4%。文化部门市场收入采用的都是文化市场各部门的创收。

（一）政府文化消费规模超过2000亿元，呈现递增趋势

根据相关资料估算，2007～2013 年政府文化消费支出总量的情况如图 18 所示，2013 年突破 2000 亿元大关。过去 7 年，政府文化消费支出由 2007 年的 744 亿元增长到 2013 年的 2048 亿元，增长了 1.75 倍，年均增长率为 18.38%，2013 年增长略有回落。

（二）政府文化消费人均支出稳步增长，波动幅度较大

如图 19 所示，2007～2013 年，我国政府文化消费人均支出稳步增长，于 2013 年达到 151 元，是 2007 年政府文化消费人均支出的 2.68 倍。2008～2013 年，政府文化消费人均支出年均增长率为 18.10%，2009 年的增长率达到 29.38%，2011 年达到 21.66%。但

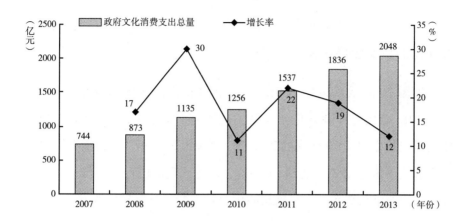

图 18　政府文化消费支出总量及其增长率

资料来源：根据《中国统计年鉴》《中国文化及相关产业统计年鉴》《国家
文化文物统计年鉴》《住户调查统计年鉴》资料整理而得。

是，政府文化消费人均支出增长率波动较大。比如，政府文化消费人
均支出增长率，2008～2009 年由 16.70% 迅速攀升至 29.38%，
2009～2010 年由 29.38% 跌落至 10.24%。

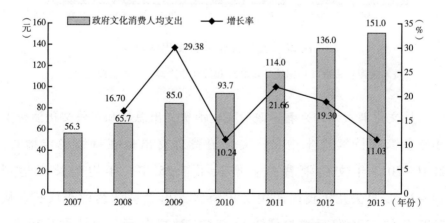

图 19　政府文化消费人均支出及其增长率

资料来源：根据《中国统计年鉴》和城乡住户调查资料整理而得。

（三）文化消费总量突破15000亿元，政府文化消费支出和居民文化消费支出增速反向特征明显

如图 20 所示，2007～2013 年，全国文化消费支出总量稳步上升，并于 2013 年突破 15000 亿元大关，达到 15875 亿元，是 2007 年全国文化消费支出总量 7070 亿元的 2.25 倍。2008～2013 年，文化消费支出总额年均增长率超过 15%，达到 15.85%，远超同期的国民经济增长水平，表现了较快的增长势头，也反映出我国文化消费仍具有较大的发展潜力。

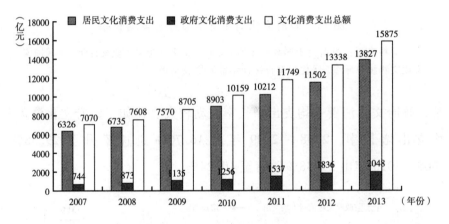

图 20 全国文化消费支出情况

资料来源：根据《中国统计年鉴》和城乡住户调查资料整理而得。

从文化消费结构来看，政府文化消费支出总量和居民文化消费支出总量都在持续稳步增长，文化消费总支出也在持续稳定增长，2007～2013 年文化消费总量增长了 1.25 倍，年均增长率达到 14.43%。过去几年我国居民文化消费支出总量持续稳步增长，从 2007 年的 6326 亿元增加到 2013 年的 13827 亿元，增长了 1.19 倍，年均增长 13.92%。政府文化消费支出则是从 2007 年的 744 亿元增长到 2013 年的 2048 亿元，增长了 1.75 倍，年均增长率达到 18.38%。

可见，居民文化消费和政府文化消费都在保持稳定增长，同时居民文化消费在文化消费总支出中占主要部分，政府文化消费所占比重较小。

如图 21 所示，居民文化消费支出的增长率 2010～2012 年连续下降，2013 年又呈现回升趋势，政府文化消费支出增长率在 2012 年和 2013 年呈现缓慢回落的态势，从 2010 年开始，二者呈现相反走势。其原因可能是政府消费支出遵循逆市场经济周期操作，当经济增长缓慢、国民收入下降，居民用于文化消费的支出增幅相应下降，而旨在提升消费、扩大内需的宏观经济政策则表现为扩大支出，政府文化消费支出增长率因此更高。

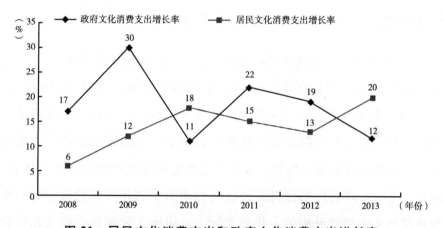

图 21 居民文化消费支出和政府文化消费支出增长率

资料来源：根据《中国统计年鉴》和城乡住户调查资料整理而得。

三 政策建议

2015 年是国民经济发展规划承上启下之年，也是落实《深化文化体制改革实施方案》关键之年。下一阶段我国文化发展将步入"小文化"转变为"大文化"的过渡阶段，文化产业以铺摊子为主要特点的发展态势转向以上档次为主要特点的新阶段，文化消费也将呈现阶段性转换的特征，升级态势日趋显现。因此，根据部分专家的研究成果，笔者建议以加快文化消费升级为突破口，推动文化事业和产业互动发展，围绕统筹抓好现代公共文化服务体系、现代文化市场体系和优秀传统文化传承体系建设，最大限度地发挥文化消费在文化资源活化、文化产业融入国民经济体系、扭转文化和国民教育脱节的局面等方面的独特作用。为此，笔者建议在以下几个方面加强研究，制定对策。

（一）推动文化消费从注重量的有形产品消费转变为注重质的无形文化内涵消费，加速文化消费升级

过去 10 年文化消费市场不断扩大，2013 年居民文化消费支出达到 13827 亿元，加上公共（政府）文化消费支出，达到 15875 亿元，约是 2003 年的 3 倍。居民基本文化需求得到满足，多样性文化需求将大幅提升，必然会伴随着文化消费内容从量变到质变的过程，文化消费不再单纯追求数量，而是更加注重个性化的文化内涵和元素的体验。那么，下一步政府应如何提高居民文化消费中文化要素的含量？如何加快推动文化消费升级的步伐？实际上，居民文化消费面临文化养分不足的困难主要在于，文化产业没有根植于中华优秀传统文化资源。因此，笔者建议以优秀文化传统资源活化为核心，以传承和创新为重点，丰富文化消费资源，为提高文化消费品质提供基础，加快优秀传统文化传承体系建设。由于历史和体制的特点，我国几千年来积累的丰富文化资源大多深藏在文化事业单位，有待于全面整理、挖掘和数字化。这项工作可以结合《国家"十二五"时期文化改革发展规划纲要》提出的文化数字化建设工程，特别是文化资源数字化工程，加大

资金投入力度，加强各文化事业单位和文化生产部门统筹协调，在文化资源数字化基础上建立中华文化素材库，让文化资源成为名副其实的"金矿"。

（二）充分发挥文化消费引领作用，推动文化产业全面融入国民经济体系

"十一五"和"十二五"时期的文化体制改革释放出巨大的文化活力，形成了以需求为导向的市场供求机制，文化消费成为文化产业发展的主要动力。2013年，居民文化消费支出对文化产业增加值的贡献率达到70.88%，拉动文化产业增加值增长率提升至12.87%，这意味着文化产业增加值中超过2/3是由消费做出的贡献。最终文化消费引导资源不断向产业链上游延伸，产品的文化附加值效应更加普遍，中间消费环节将更具活力，文化创意和设计服务、生产性文化服务业等相关产业将取得长足发展，文化产业加速融入国民经济体系。为此，进一步发挥文化消费引领作用，通过最终文化消费对产品文化含量要求的不断提高，倒逼文化产业创作环节、创意和设计环节增加资源的投入。笔者建议，建立有效的公共文化资源产业化体制和机制，发挥市场配置数字化资源优势，将活化的文化资源应用于文化产业，提升产品文化含量，引领文化产业融入国民经济体系。具体政策落脚点可以考虑加快版权产业资源信息平台、交易平台、服务平台等文化要素市场建设，同时，与此相关的生产性文化服务业，包括版权价值评估、质押、融资各环节也要加快发展。

理论研究

文化消费评估研究报告

高学武　杨见飞　赵婷婷

一　评估框架与方法

（一）概念与分类

最终消费指常住单位为满足物质、文化和精神生活的需要，从本国经济领土和国外购买货物和服务的全部最终消费支出①。它不包括非常住单位在本国经济领土内的消费支出。本文中所指"文化消费"皆采用最终消费的概念，但在叫法上统一为"文化消费"。

最终消费通常意义上分为居民消费和政府消费。从这个角度来看，文化消费也分解为居民文化消费和政府文化消费。

居民文化消费指常住住户在一定时期内对文化产品和服务的消

---

① 邱东：《国民经济统计学》（第 2 版），高等教育出版社，2011，第 142 ~ 143 页。

费，居民文化消费除了直接以货币形式购买文化产品和服务的消费支出外，还包括以其他方式获得文化产品和服务的消费支出，即所谓的虚拟消费支出。其计算方式为：

居民文化消费支出 = 居民文教娱乐用品消费支出 + 居民文教娱乐服务消费支出

居民文化消费支出按地域分，分为城镇居民文化消费支出和农村居民文化消费支出。

农村居民文化消费支出是指农村常住居民在核算期内对货物和服务的全部最终消费支出，主要利用农村住户抽样调查资料，按农村居民文化消费的主要类别进行计算。这里所说的主要类别包含：文化教育、娱乐用品和教育服务、文化体育娱乐服务等，其中教育包括付给学校的各种学杂费、私立学校就读费和托儿费以及其他教育支出。其计算公式为：

农村居民文化消费支出 = 农村居民人均文教娱乐用品及服务消费支出 ×
农村居民人口数量

城镇居民文化消费支出是指城镇常住居民在核算期内对货物和服务的全部最终消费支出，主要利用城市住户抽样调查资料，按城镇居民消费货物和服务的主要类别分别进行计算。这里所说的主要类别包含：文化娱乐用品、文化娱乐服务、教育等支出，其中教育支出包括付给学校的各种学杂费及其他消费。计算公式为：

城镇居民文化消费支出 = 城镇居民人均文教娱乐用品及服务消费支出 ×
城镇居民人口数量

政府文化消费指政府部门为全社会提供的公共文化产品和服务的消费支出和免费或以较低的价格向居民提供文化产品和服务的净支出。前者等于政府服务的产出价值减去政府单位所获得的经营收入的价值，后者等于政府部门免费或以较低价格向居民提供的产品和服务的市场价值减去向居民收取的价值。

对于政府文化消费数据笔者采用的是 SNA 核算体系的政府消费的数据处理方法。计算公式为：

政府文化消费支出 = 文化经常性业务支出 - 政府部门文化市场性收入 +
文化部门固定资产折旧

此公式中，笔者粗略地用财政文化支出乘以消费系数来代替文化经常性业务支出，财政文化支出数据采用财政部门给出的扣除体育费用的文化体育与传媒支出的数据。固定资产折旧的计算有所不同，全国文化部门的固定资产折旧数据用的是 1987～2013 年固定资产累计折旧额乘以折旧率 4%，而省级的固定资产折旧数据用的是 1995～2013 年的固定资产累计折旧额乘以 4%。文化部门市场收入采用的都是文化市场各部门的创收。

（二）分析基础与框架

1. 分析基础

消费是所有生产的唯一终点和目的。在国民经济核算和公民经济统计中，消费指的是最终消费（final consumption），它是为满足个人和公众的需要或欲望而对货物和服务的使用。

最终消费支出[1]可分为居民最终消费支出和公共消费支出。在中国，由于没有将为居民服务的非营利机构单列出来，因此，公共消费支出指的就是政府最终消费支出，也即政府消费支出。在对居民最终消费支出进行分析时，针对现阶段我国城乡二元结构尚未破除的具体国情，对城乡居民之间的具体数据进行对比分析，能够加深我们对城

---

[1] 与最终消费支出相对应的另一个概念是实际最终消费支出。因为从国民经济总体来看，最终消费支出与实际最终消费支出在总量上是相等的，本文就不再加以区别。本书中凡是提及文化消费的地方，均采用最终消费支出的概念。

乡之间经济文化发展差距的了解和认识。

本文中应用到两种 GDP 核算方法，即生产法 GDP 和支出法 GDP，前者应用在文化及相关产业增加值对国内生产总值的贡献率和对国内生产总值增长的拉动的测算上，后者应用在消费和文化消费的一系列指标，如边际消费指标、消费率指标等的测算上。

2. 分析框架

本文的研究不仅吸收了对文化消费的传统研究分类的精髓，而且第一次将政府文化消费放进研究框架。同时，本文还考虑到互联网高速发展带来的一系列文化消费的新特点，试图基于此发掘出文化消费的潜在增长空间（见图1）。

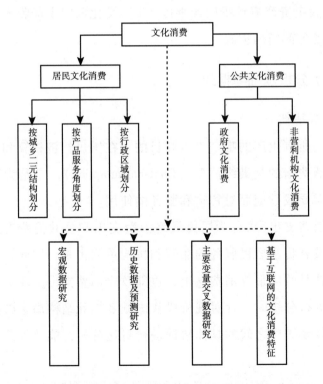

图1　文化消费报告分析框架示意

（三）分析方法

1. 边际文化消费倾向

边际消费倾向是指人均消费增量与人均可支配收入增量的比率，表示增加的一个单位收入中用于增加消费部分的比率[①]。相应地，本书中边际文化消费倾向是指人均文化消费的增量与人均可支配收入增量（考察农村居民收入增量时，需采用农村居民人均纯收入的数据）的比率。其计算公式为：

$$边际消费倾向 = \frac{当年人均消费最终支出 - 上年人均消费最终支出}{当年人均可支配收入 - 上年人均可支配收入}$$

$$边际文化消费倾向 = \frac{当年人均文化消费最终支出 - 上年人均文化消费最终支出}{当年人均可支配收入 - 上年人均可支配收入}$$

边际文化消费倾向表示增加的单位收入中用于增加文化消费部分的比率，边际消费倾向是考察一定时期内消费者消费意愿变化的重要指标，通常用于描述收入变化导致消费者对某产品消费额变化的幅度。分析边际文化消费倾向产生差异的原因，可以为调整收入分配政策和文化消费政策提供依据。本文中考察的主要是城镇居民和农村居民的边际消费倾向、城镇居民和农村居民文化边际消费倾向 4 个指标。

2. 消费率

消费率也称最终消费率，是指最终消费支出占支出法 GDP 的比重，一般按现行价格计算[②]。相应地，文化消费的消费率是指文化最终消费支出占支出法 GDP 的比重。用公式表示为：

$$消费率 = \frac{消费最终支出}{不变价支出法 GDP} \times 100\%$$

$$文化消费率 = \frac{文化消费最终支出}{不变价支出法文化 GDP} \times 100\%$$

[①] 邱东：《国民经济统计学》（第 2 版），高等教育出版社，2011，第 145～146 页。
[②] 邱东：《国民经济统计学》（第 2 版），高等教育出版社，2011，第 145～146 页。

消费率反映了生产活动的最终成果用于消费的比重，能够在某种程度上说明国民经济发展状况，而文化消费的消费率反映了文化及相关产业生产活动的最终成果用于文化最终消费的比重。通过观察文化消费与文化 GDP 之间的关系，可以为进一步调整文化消费政策及其他一系列相关政策提供依据。在本文中，主要从政府消费支出和居民消费支出、政府文化消费支出和居民文化消费支出、城镇居民消费支出和农村居民消费支出、城镇居民文化消费支出和农村居民文化消费支出的角度对文化消费的消费率进行考察。

3. 贡献率

贡献率指三大需求增量与支出法 GDP 增量之比[①]。相应地，本书中文化消费的贡献率指文化消费总额的增量与不变价文化 GDP 增量之比。其计算公式为：

$$文化消费的贡献率 = \frac{当年文化消费总额 - 上年文化消费总额}{当年不变价文化 GDP - 上年不变价文化 GDP} \times 100\%$$

文化消费的贡献率指一定时期内，文化消费的增量占当期文化 GDP 增量的比重，反映了经济增长中文化消费增长所占的份额，通过该指标可以明确观察到文化消费增长对文化 GDP 增长贡献的大小。

4. 拉动

拉动是指国内生产总值增长速度与三大需求贡献率的乘积[②]。相应地，在本书中文化消费的拉动是指当年不变价文化 GDP 增长率与文化消费贡献率的乘积。其计算公式为：

$$文化消费的拉动 = 不变价支出法 GDP 增长率 \times 文化消费的贡献率 \times 100\%$$

① 国家统计局：《中国统计年鉴》（第 1 版），中国统计出版社，2013，第 67 页。
② 国家统计局：《中国统计年鉴》（第 1 版），中国统计出版社，2013，第 67 页。

文化消费的拉动反映了文化消费在文化 GDP 增长率中所占的份额，通过该指标可以明确观测到文化消费在拉动文化 GDP 增长中的效应，分析其数值对促进文化 GDP 增长具有重要作用。

二　全国文化消费评估

（一）全国文化消费支出总量估算

如图 2 和图 3 所示，2007～2013 年，全国文化消费支出总量稳步上升，并于 2013 年突破 15000 亿元大关，达到 15875 亿元，是 2007 年全国文化消费支出总量 7070 亿元的 2 倍多。2008～2013 年，文化消费支出增长率年均超过 15%，达到 15.85%，远超同期的国民经济增长水平，表现了较快的增长势头，也反映出我国文化消费仍具有较大的发展潜力。

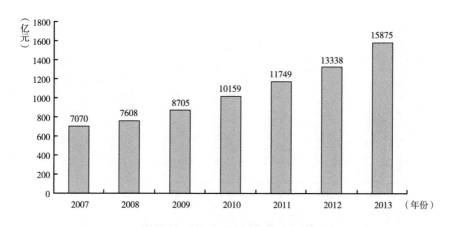

图 2　全国文化消费支出总量

资料来源：根据《中国统计年鉴》和城乡住户调查资料整理而得。

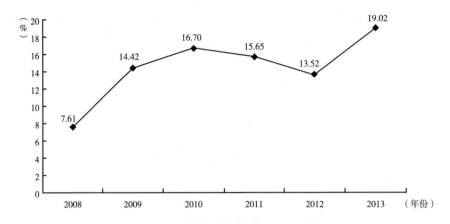

图 3　全国文化消费支出总量增长率

资料来源：根据《中国统计年鉴》和城乡住户调查资料整理而得。

（二）全国文化消费支出均量估算

如图 4 和图 5 所示，2007～2013 年，全国人均文化消费支出稳步上升，并于 2013 年突破千元大关，达到 1167 元，是 2007 年全国

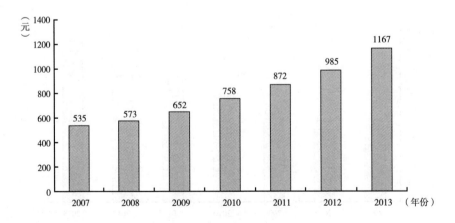

图 4　全国人均文化消费支出

资料来源：根据《中国统计年鉴》和城乡住户调查资料整理而得。

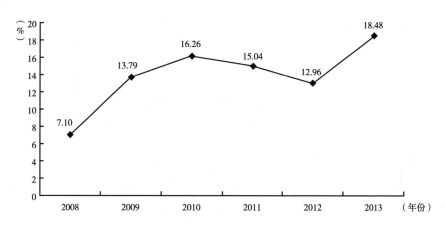

图 5　全国人均文化消费支出增长率

资料来源：根据《中国统计年鉴》和城乡住户调查资料整理而得。

人均文化消费支出 535 元的 2 倍多。2008～2013 年，全国人均文化消费支出年均增长率为 15.29%，接近全国文化消费支出总量年均增长率 15.85% 的水平，同样表现了较快的增长势头。

三　政府—居民视角下的文化消费评估

（一）文化消费估算及相关指标

1. 文化消费总量估算

如图 6 和图 7 所示，2007～2013 年，我国居民文化消费支出总量稳步增长，7 年间增长了 1 倍多，于 2011 年突破万亿元大关，于 2013 年达到 13827 亿元。2008～2013 年，我国居民文化消费支出年均增长率达到 15.47%，2013 年的增长率达到 20%，表现了强劲的增长势头。

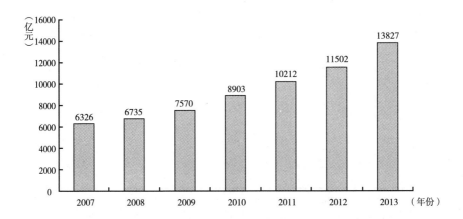

图6 全国居民文化消费支出总量

资料来源：根据《中国统计年鉴》和城乡住户调查资料整理而得。

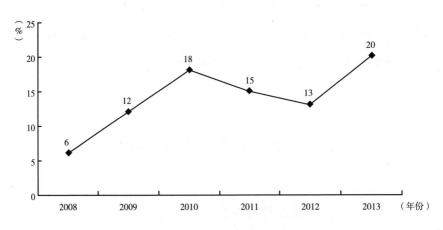

图7 全国居民文化消费支出总量增长率

资料来源：根据《中国统计年鉴》和城乡住户调查资料整理而得。

如图8和图9所示，2007～2013年，我国政府文化消费支出稳步增长，7年间增长了近2倍，于2013年突破2000亿元大关，达到2048亿元。2008～2013年，政府文化消费支出年均增长率为18.59%，高于同期居民文化消费年均增长率，表现了很好的增长势头，反映了强劲的政府文化消费需求。但是，政府文化消费支出增长率波动较大。比如，2008～2009 年，由 17% 迅速攀升至 30%，2009～2010 年，又由 30% 跌落至 11%，这种剧烈的波动可能与当时国民经济发展状况和政府采取的相关政策措施密不可分。

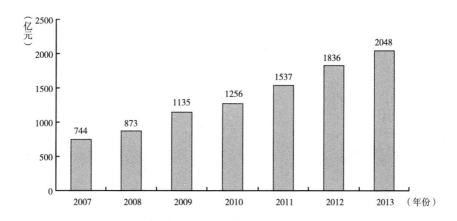

图 8　全国政府文化消费支出

资料来源：根据《中国统计年鉴》和城乡住户调查资料整理而得。

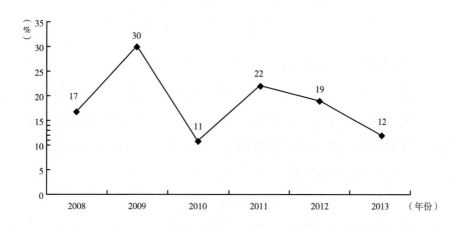

图 9　全国政府文化消费支出增长率

资料来源：根据《中国统计年鉴》和城乡住户调查资料整理而得。

2. 文化消费贡献率估算

如图 10 所示，2008～2013 年，我国居民文化消费贡献率整体高于政府文化消费贡献率。居民文化消费的贡献率波动较大，如 2011～2013 年，由 53.93% 滑落至谷底的 28.09%，而后又攀升至 70.88%，而同期政府文化消费贡献率逐渐趋于平稳。

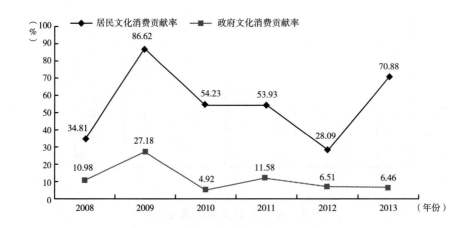

图 10　居民文化消费贡献率和政府文化消费贡献率对比

资料来源：根据《中国统计年鉴》和城乡住户调查资料整理而得。

3. 文化消费的拉动估算

如图 11 所示，2008～2013 年，我国居民文化消费的拉动整体强于政府文化消费的拉动，与居民文化消费和政府文化消费的贡献率不同的是，两者的拉动的波动不是特别大，相对而言，还是相当平稳的。

4. 文化消费均量估算

（1）人均居民文化消费支出估算

如图 12 和图 13 所示，2007～2013 年我国人均居民文化消费支出稳步增长，于 2013 年突破 1000 元大关，达到 1016 元，是 2007 年人均文化消费支出 479 元的 2 倍多。2008～2013 年，人均居民文化

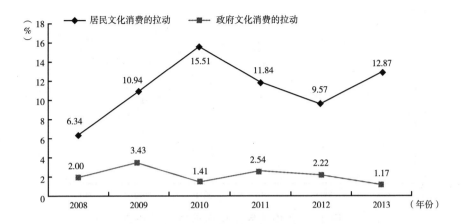

图 11 居民文化消费的拉动和政府文化消费的拉动对比

资料来源：根据《中国统计年鉴》和城乡住户调查资料整理而得。

消费年均增长率达到 14.92%，2013 年的增长率达到 19.67%，表现了强劲的增长势头。

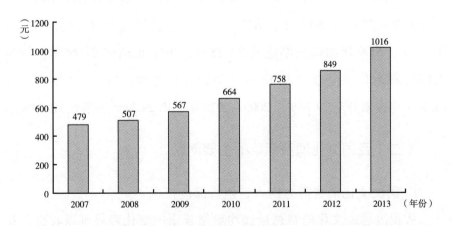

图 12 人均居民文化消费支出

资料来源：根据《中国统计年鉴》和城乡住户调查资料整理而得①。

───────────

① 本部分数据以《中国统计年鉴》为准，含教育支出。

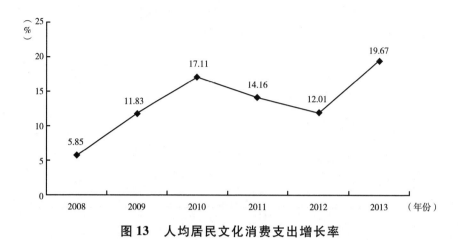

图 13　人均居民文化消费支出增长率

资料来源：根据《中国统计年鉴》和城乡住户调查资料整理而得。

（2）人均政府文化消费支出

如图 14 和图 15 所示，2007～2013 年，我国人均政府文化消费支出稳步增长，于 2013 年达到 151 元，接近 2007 年人均政府文化消费支出的 3 倍。2008～2013 年，人均政府文化消费支出年均增长率为 18.11%，2009 年的增长率达到 29.38%，2011 年达到 21.66%。但是人均政府文化消费支出增长率波动较大，比如，2008～2009 年，由 16.70% 迅速攀升至 29.38%，2009～2010 年，由 29.38% 跌落至 10.24%。

（二）我国文化消费面临的主要问题

1. 居民文化消费潜力巨大，亟待深度挖掘

从我国居民文化消费总量和均量增长率的变化趋势可以看出，我国居民文化消费潜力巨大，文化消费市场尚未饱和，居民文化消费水平尚处在一个较低的发展阶段。

2. 政府文化消费总量和均量快速增长，但增长率波动较大

政府在文化消费市场中不仅扮演着监督者和规范者的角色，而且

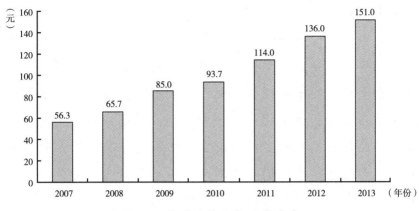

图14 人均政府文化消费支出

资料来源：根据《中国统计年鉴》和城乡住户调查资料整理而得。

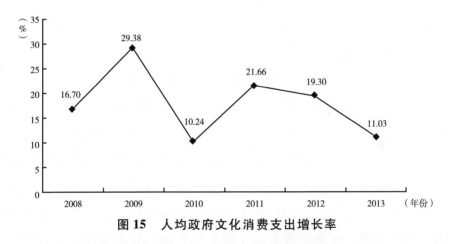

图15 人均政府文化消费支出增长率

资料来源：根据《中国统计年鉴》和城乡住户调查资料整理而得。

已经成为文化消费的重要对象，发挥着日益重要的作用。2007年以来，我国政府文化消费的总量数据和均量数据均实现了较快发展，但是，从增长率波动的情况来看，波动幅度较大，这凸显了政府文化消费的消费习惯尚不够稳定。

3. 文化产业，特别是高质量文化产品及服务发展滞后、供给不足

文化产业部门或企业提供的文化产品及服务决定着人们文化

消费的内容和行为。目前来看，我国文化产品和服务不仅总体数量不足，而且结构和质量也不甚合理。许多经营性文化产业同公益性文化事业混杂，脱离市场，没有针对多元化、多层次的居民文化消费需求开发出不同的文化产品和服务，造成大量同质的文化产品浪费，创新性文化产品供给不足。另据调查：历史性题材的文化产品仍然相对较多，与现实生活密切相关的产品较少；适合成年人看的情感作品仍然相对较多，适合青少年看的益智动画作品相对较少；武打方面的作品仍然相对较多，反映模范人物和事迹的作品相对较少；国外引进作品仍然相对较多，具有民族特色的作品相对较少；电视剧产品仍然相对较多，而文化演出和音乐会供给相对较少；电视广告播放时间越来越长，综艺益智节目播放时间越来越短。

4. 文化消费市场管理不善，低俗产品滋生，侵权行为猖獗

当前，我国政府管理文化消费领域的水平较低，管理手段不够科学，管理过程不够规范。许多文化产品和服务（如电影、文艺演出等）定价虚高，抑制了中低收入居民文化消费需求的增长；新媒体、新文化业态（如手机短信、移动无限增值服务等）立法空白，使得公民在文化消费中的权益不能得到有效保护；知识产权意识淡薄、盗版猖獗，文化市场生态环境形势严峻。特别是随着互联网的普及和应用，一些利欲熏心者污染了文化消费环境，比如散布虚假信息，一些网站存在淫秽信息，部分网站提供的带有赌博性和极具攻击性的游戏容易让人上瘾，从而误入歧途。就文化出版物消费环境而言，侵权、盗版的出版物屡见不鲜，个别出版物印刷质量低劣、没有出版单位，内容庸俗。此外，庸俗的文化消费方式依然存在，主要体现在通过文化形式进行赌博，比如利用打扑克、打麻将等娱乐消费形式从事赌博活动。

（三）相关政策建议

1. 基于"一带一路"倡议，深度拓展文化消费新的增长空间

一端连着历史，一端指向未来；一端系着中国，一端通往世界。丝绸之路包括陆上丝绸之路和海上丝绸之路，是一个有着悠久历史和深厚文化内涵的空间概念和文化概念。古丝绸之路在促进东西方的思想交流和文化交融方面，发挥了不可磨灭的历史作用。"一带一路"倡议下的丝绸之路文化是沿线各国、各地区共同的文化记忆和文化符号，是沿线国家不同文化深入交融的融合剂。文化在"一带一路"合作过程中有着至关重要的作用和地位。可以说，文化是"一带一路"的灵魂，文化产业及消费便是这一战略的基础。

"一带一路"合作倡议急需突破口及落实的抓手，文化具有天然的亲和力和融合力，可以作为这一合作倡议的突破口和抓手。现在，我们看到的突破口主要是利用物质资源优势，通过"一带一路"格局中的互联互通来实现双边或多边的文化交流与沟通，从而推动地域经济发展，促进文化消费更上一层楼。

同时，在物质资源聚合的过程中，根据合作国家的文化资源特性建构不同价值形态的文化产业合作发展平台，通过产业资本来发展不同国家与民族的具有竞争力的文化产业形态，从而实现保护多样性的文化生态的目的，这是极为重要又极具战略前瞻性的突破口与重要抓手。

2. 借"互联网＋"的发展东风，培育新型文化消费领域

借"互联网＋"的优势，打破影响文化消费的瓶颈，扩大文化消费总量。很多调查显示，时间与金钱是制约文化消费升级的两个关键问题。而网络文化消费的渠道优势能够有效化解这两个问题。一是

在以用户量为王的市场，经营者往往采用免费或超低价格策略让消费者进入，O2O 模式减少了多余的流通环节，降低了文化消费价格。二是由于移动互联网的兴起，网络文化消费能够充分利用消费者的散碎时间，并将其化零为整。到 2015 年底，中国移动互联网用户规模约为 7.9 亿个，移动互联网市场总体规模突破 2.3 万亿元。网络文化消费将大大提高文化消费支出在消费总支出中的比重。

借"互联网＋"的优势，实现文化产品多样化，优化文化消费结构。在传统的文化消费构成中，读书、看报、看电视、看电影、听广播、文艺欣赏等基本公共文化产品与服务占比高。随着信息技术的发展，以互联网为载体的数字信息产品异军突起，打破了时空限制。网络娱乐、网络阅读、网络观赏等互动型文化消费日渐占据主流。数字敦煌、数字故宫等电子产品实现了展览永不落幕，微博、微信等手机客户端让各种资讯瞬间传遍各地。被动型消费少了，参与型消费多了；固定时空的文化消费少了，开放性、自主性的文化消费多了。

借"互联网＋"的优势，突破了文化消费的在场性局限，改进了文化消费方式。传统在场文化消费受时间与地域的限制，移动网络技术使在场消费转变为在线消费。"互联网＋"为文化消费带来了至少三方面的好处：一是消除了地区性差异，减少了地域风俗、发展水平等因素对传统线下文化消费的影响；二是增强了文化消费的参与性、体验性，DIY 方式更是满足了文化消费的个性化、自主化、自助化要求；三是增强了消费的选择性，一般的电影院线每天上映 4～6 部影片，而互联网在线电影则提供海量的选择。当然，笔者也反对一味地摒弃传统文化消费方式，而是要根据不同年龄、不同收入群体选择多元化、个性化的消费方式。

借"互联网＋"的优势，转变文化消费观念，提升文化消费层次。在目前的文化消费构成中，低层次的娱乐型、消遣型消费比例偏大，而高层次的发展型、智能型消费比例不足。许多调查显示，打麻将、看电视是大众最普遍的文化消费活动。大型书店长期亏损，文博馆、图书馆、科技馆门庭冷落，艺术剧场长期闲置，高雅文化产品被束之高阁，高雅文化活动仅限于少数人参与。为有效应对这些问题，需要做以下两方面的工作：一方面，经营者要通过互联网等技术优势，让这些"高大上"的文化消费活动接地气，飞入寻常百姓家；另一方面，消费者也要树立正确的文化消费观，由低俗向高雅升级，由以休闲娱乐为主向休闲娱乐与提升自我并重转变，不断提高文化消费能力和消费层级。文化消费不仅是一个因变量，而且也是一个自变量。根据马斯洛的需求理论，通过高层次的文化消费，达到精神愉悦与幸福满足，才能提升人力资本，实现人的全面发展。

3. 以文化消费为突破口，实现居民消费转型升级

文化消费品具有与其他传统消费品不同的特点，创造文化产品和文化服务消耗相对较少的物质资源，而且所消耗的物质资源和精神资源可以为相关行业扩大产销提供空间。同时，文化消费发展还具有改造、提升传统产业等作用。文化消费不仅能够提振内需，而且对促进消费转型升级和推动经济转型升级也具有非常重要的意义。我国市场规模庞大，正处于居民消费升级和信息化、工业化、城镇化、农业现代化加快融合与发展的阶段，文化消费具有良好的发展基础和巨大的发展潜力。此外，文化消费与物质消费能够相互促进、共同发展，比如将文化与美食相结合，便衍生美食文化；将文化与旅游相结合，便衍生旅游文化的新形式。

4. 转变政府职能，明确政府位置，培育企业责任

在繁荣文化消费的过程中，无论是市场的建设、引导，还是政策的制定、规范，都与政府息息相关，市场只有依靠政府，才能建立一个规范而健康的发展环境。政府也要依靠市场实现推动文化产业发展，丰富消费者精神文化生活的目的。在当下的市场环境中，市场必须依靠政府建立一个规范健康的发展环境，而且要想让文化市场持续稳定发展，必须将文化、旅游、科技完美结合，这是大势所趋，三者只有相互融合，才能创造更多有价值和市场潜力的文化产品，才能让文化市场具有生命力。需要强调的是，这三者的结合还要在政府的引导、规范下进行，只有如此才能统揽全局，使文化市场欣欣向荣。例如2013年12月1日正式生效的《网络文化经营单位内容自审管理办法》，将原先由政府部门承担的网络文化产品内容审核和管理责任更多地下放给企业，政府的责任转变为事中的巡查和事后的核查、处罚。这是转变政府职能、明确政府位置、培育企业责任的重大进步。

此外，发展文化消费，政府还要制定一套市场评价指标体系。目前国内没有独立的文化消费指标体系，相关的指标都在其他的国家指标体系中。建立独立的文化消费指标体系有助于监测和全面了解文化消费状况，为政策制定和市场调整提供精准数据和参考，确保文化消费形式和内容良性发展，这都需要由政府主导完成。

企业既是文化消费市场的供给方，又是文化消费产品及服务的输出方，因此，企业必须担起必要的社会责任，与政府一道共同维护文化消费市场的健康发展，也只有市场健康了，才能促进文化消费的大发展、大繁荣。政府在培育企业责任的过程中应避免采用粗暴的行政手段，而应综合运用财政、税收、金融等宏观调控手段，同时制定适当的激励与惩罚措施。

四　城镇—农村视角下的文化消费评估

（一）城乡二元结构条件下的居民文化消费

1. 文化消费总量估算及相关指标

（1）总量估算

如图 16 至图 19 所示，2007～2013 年，我国城乡居民文化消费支出均表现了稳步增长的态势。但是，我国城镇居民文化消费支出总额已于 2013 年超过 10000 亿元，而同期的农村居民文化消费支出才刚刚超过 3000 亿元，前者是后者的 3 倍多。更重要的是，城镇居民文化消费支出从 2008 年以来稳步增长，年均增长率为 19.25%；而农村居民文化消费支出凸显增长缓慢的态势，年均增长率不足 6.5%。即使考虑到我国近年来城镇化率大幅提升的现状[①]，城乡居民之间文化消费的差距也是非常明显的。

（2）城乡居民文化消费率估算

如图 20 和图 21 所示，2007～2013 年，我国城乡居民文化消费率整体上均呈现递减的趋势，例如，城镇居民文化消费率下降了大约 13 个百分点，农村居民文化消费率下降得更为严重，大约下降了 20 个百分点。城镇居民文化消费率在 2013 年小幅回升，有望止住下滑的趋势。对比图 21，我国城镇居民的消费率总体却表现为增长的趋势，尽管增幅并不大；而农村居民的消费率虽然整体上呈现了下降的

[①]　中国社会科学院发布的 2013 年"城市蓝皮书"指出，中国真实的完全城镇化率仅为 42.2%，比国家统计局公布的常住人口城镇化率低 10.4 个百分点。

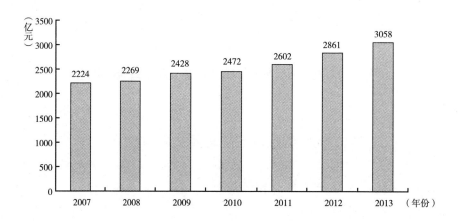

图16　农村居民文化消费支出

资料来源：根据《中国统计年鉴》和城乡住户调查资料整理而得。

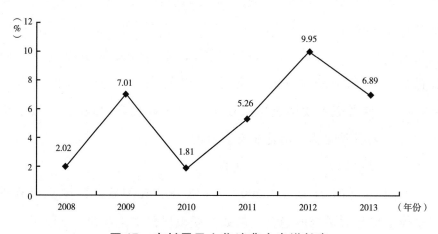

图17　农村居民文化消费支出增长率

资料来源：根据《中国统计年鉴》和城乡住户调查资料整理而得。

趋势，但是与文化消费率降幅相比相对较小。

（3）城乡居民文化消费贡献率的估算

如图22所示，2008～2013年，城镇居民文化消费贡献率高于农村居民的文化消费贡献率，农村居民文化消费贡献率整体偏低。但

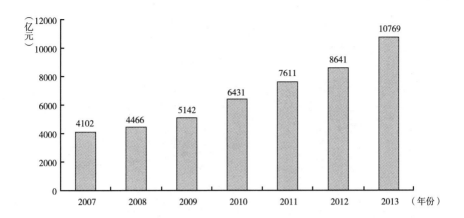

图18　城镇居民文化消费支出

资料来源：根据《中国统计年鉴》和城乡住户调查资料整理而得。

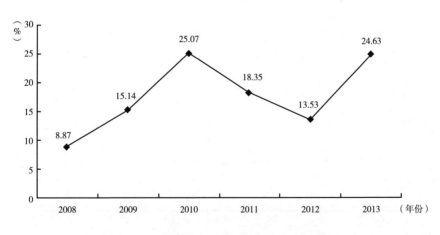

图19　城镇居民文化消费支出增长率

资料来源：根据《中国统计年鉴》和城乡住户调查资料整理而得。

是，城镇居民文化消费贡献率的波动则更为明显。比如，2008～2009年，城镇居民文化消费贡献率由30.98%跃升至70.12%，2011～2013年，由48.62%下跌至谷底22.43%，而后又迅速跃升至64.88%。

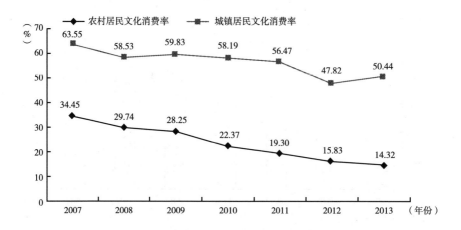

图 20　农村居民文化消费率和城镇居民文化消费率对比

资料来源：根据《中国统计年鉴》和城乡住户调查资料整理而得。

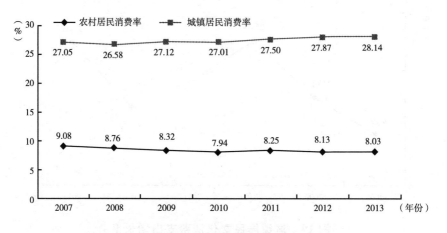

图 21　农村居民消费率和城镇居民消费率对比

资料来源：根据《中国统计年鉴》和城乡住户调查资料整理而得。

（4）城乡居民文化消费的拉动估算

如图 23 所示，2008～2013 年，我国城镇居民文化消费的拉动明显强于农村居民文化消费的拉动，农村居民文化消费的拉动整体偏弱，且表现相对平稳。这也能在两者之间文化消费总量的数据层面得以反映。

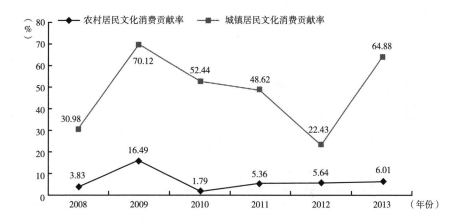

图 22　农村居民文化消费贡献率和城镇居民文化消费贡献率对比

资料来源：根据《中国统计年鉴》和城乡住户调查资料整理而得。

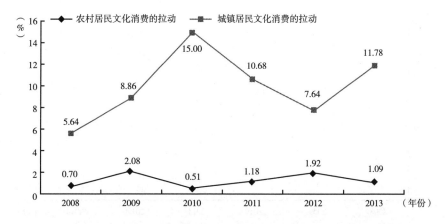

图 23　农村居民文化消费的拉动和城镇居民文化消费的拉动对比

资料来源：根据《中国统计年鉴》和城乡住户调查资料整理而得。

2. 文化消费均量估算及相关指标

（1）均量估算

如图 24 至图 27，2007 ~ 2013 年，我国城乡居民人均文化消费支出均表现了稳步增长的态势，城镇居民人均文化消费支出于 2011 年

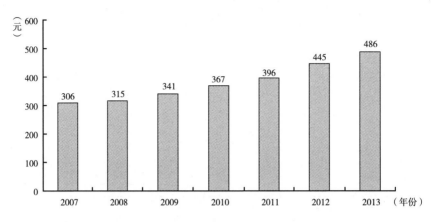

图 24　农村居民人均文化消费支出

资料来源：根据《中国统计年鉴》《中国文化及相关产业统计年鉴》《国家文化文物统计年鉴》《住户调查统计年鉴》资料整理而得。

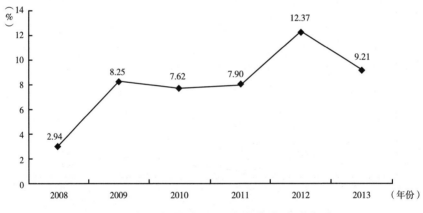

图 25　农村居民人均文化消费支出增长率

资料来源：根据《中国统计年鉴》《中国文化及相关产业统计年鉴》《国家文化文物统计年鉴》《住户调查统计年鉴》资料整理而得。

突破 1100 元大关，并于 2013 年上了一个新台阶，达到 1473 元；同期，农村居民人均文化消费支出由 2007 年的 306 元增长到 2013 年的 486 元。2008～2013 年，城乡居民人均文化消费支出均表现了较高的增长速度。2013 年农村居民人均文化消费支出增长率为 9.21%，而同期城镇居民人均文化消费支出增长率更是达到 21.33% 。此外，2007～2013 年，城乡居民人均文化消费支出的差距并未缩小，整体上，农村居民人均文化消费支出处于较低水平的现状并未得到改变。

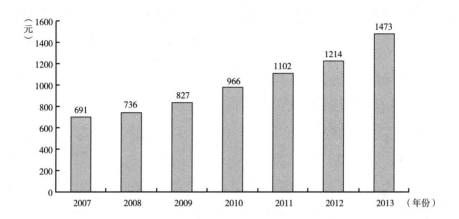

图 26　城镇居民人均文化消费支出

资料来源：根据《中国统计年鉴》《中国文化及相关产业统计年鉴》《国家文化文物统计年鉴》《住户调查统计年鉴》资料整理而得。

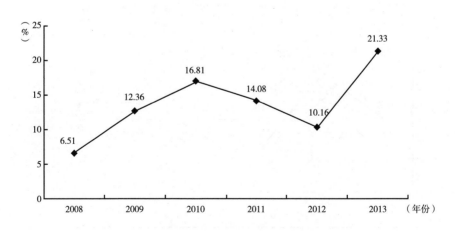

图 27　城镇居民人均文化消费支出增长率

资料来源：根据《中国统计年鉴》《中国文化及相关产业统计年鉴》《国家文化文物统计年鉴》《住户调查统计年鉴》资料整理而得。

（2）城乡居民边际文化消费倾向的估算

如图 28 和图 29 所示，2008～2013 年，我国城镇居民边际文化消费倾向整体高于农村居民边际文化消费倾向，2013 年两者之间的差距进一步扩大，达到 6.69 个百分点。在图 29 中，2008～2013 年，

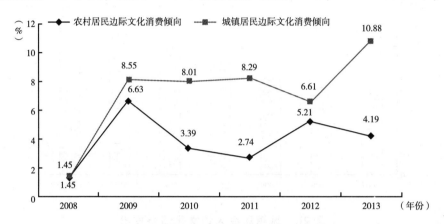

**图 28　农村居民边际文化消费倾向和城镇居民
边际文化消费倾向对比**

资料来源：根据《中国统计年鉴》和城乡住户调查资料整理而得。

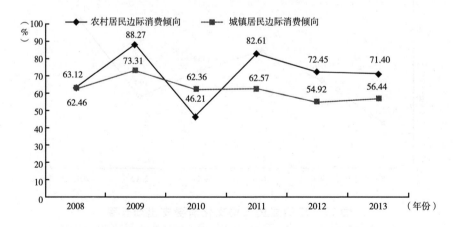

图 29　农村居民边际消费倾向和城镇居民边际消费倾向对比

资料来源：根据《中国统计年鉴》和城乡住户调查资料整理而得。

我国农村居民边际消费倾向整体高于城镇居民边际消费倾向，2010年除外。通过对比发现，我国城乡居民边际文化消费倾向和边际消费倾向并不十分一致，这说明农村居民的消费意愿强于城镇居民，但是农村居民的文化消费意愿明显弱于城镇居民。

（二）城乡居民文化消费面临的主要问题

1. 城镇化发展快速，但城乡文化消费总量差距和均量差距越来越大

根据国家统计局调查资料显示，2013年我国城镇化率为53.7%，比2007年的45.89%高出约8个百分点。城镇化的快速发展，促进了城乡居民文化消费支出和人均文化消费支出的稳步增长。2010年以来，城镇居民文化消费支出和人均文化消费支出大体上保持着两位数的增长速度。但是，考虑到我国城乡二元结构现状和巨大的农村人口数量①，城乡居民文化消费支出和人均文化消费支出之间的差距越来越大，这不得不引发我们的担忧。

此外，2007～2013年，城乡居民文化消费支出在文化GDP中的比重整体下滑，城乡居民文化消费需求不足。考虑到我国文化出口现状，文化GDP的发展并没有进入一个良性发展轨道，在很大程度上还处于投资驱动的发展阶段。与文化消费需求不足对应的是消费需求不足，城镇居民的消费率在7年间仅增长了1个多百分点，农村居民的消费率则下降了1个多百分点，在国民经济总量和居民收入双双大幅增加的背景下，这样的现象更值得我们思考。

2. 农村居民消费意愿与文化消费意愿背道而驰

2007～2013年，我国农村居民人均纯收入由4140.4元增长到8895.9元，增长了1倍多，收入的增长夯实了居民消费支出的基础，

---

① 据《2013年国民经济和社会发展统计公报》，2013年我国农村人口数量为62961万。

提高了居民的消费意愿。但是，笔者观察到同期农村居民人均文化消费支出仅增长了不足 0.6 倍。此外，农村居民文化消费的意愿波动较大。现阶段，我国农村经济社会发展面临一些新的情况：①农村居民消费结构有了很大的变化。农村居民主要消费支出方向或领域由原来的衣、食、住扩展到了衣、食、住、行、医疗、教育、大小家电、精神文化产品及服务等，此外，人情消费在农村居民消费支出中也占了相当大的比重。②农村居民的家庭收入来源不稳定性并没有减弱。现阶段农村居民家庭收入的较大一部分是外出务工人员挣来的，而这样的收入来源受信息不对称、国际国内宏观经济环境的影响较大。③相对于城镇居民来说，农村居民，特别是一些生活在交通不便、信息不发达地区的居民可选择的文化消费产品类型和服务渠道更有限，数量更少，质量更粗糙。④农村居民通常接触不到能够带来现场体验感的文化消费型产品或服务，尽管现在的文化下乡活动进行得如火如荼，但能够贴近农村居民生活、反映农村居民生活面貌、展现农村居民精神追求的产品或服务极为匮乏。

3. 农村留守人员缺乏精神文化生活的状况严重，可能导致恶俗文化入侵

广大农村地区有相当一部分青壮年外出打工、求学，留守的大多是妇女、老人和孩子。据统计，2013 年，我国农村的留守妇女、儿童、老人合计约 1.5 亿人，占到农村总人口的 20% 以上。我国农村地区本来就缺乏文化消费的环境，特别是一些基础设施严重缺乏，文教娱乐性产品及服务更是供给不足。目前，农村居民能够经常性接触到或消费到的文化产品及服务就是电视、广播，传统文化消费性产品如戏曲表演、杂技、魔术等基本消失殆尽，农村居民基本接触不到现场表演式的精神文化产品。没有相应的精神文化消费和体验，就没有恰当方式可以打发农闲时间，在某种程度上，致使农村地区赌博、情感出轨等现象大量发生。留守儿童更是缺乏精神文化生活，放了学，回到家，要么看电视，要么玩电子游戏，很少进行运动、做益智游戏等。长此以往，农村留守儿童群体也出现了很多问题，诸如网瘾、抽烟、酗酒等，再加上学习压力大、父母长期不在身边，缺乏情感呵护，相当大一部分儿童产生感情脆弱、自暴自弃、缺乏自信等心理疾病。

此外，佛教、道教、基督教等宗教信仰对农村居民的精神世界带来了较大的冲击，这突出表现在留守老人和留守妇女身上。更有甚者，前些年已经销声匿迹的邪教在部分农村地区死灰复燃，一旦有家人入了邪教，往往对家庭特别是对子女造成恶劣影响。这些事件在新闻媒体、相关网站上多有曝光，如2012年12月发生在河南光山的校园伤害案，犯罪嫌疑人闵拥军是受到同村一名60多岁"全能神"女信徒的影响，闯入校园，砍伤了23名小学生。

（三）相关政策建议

1. 新型城镇化的建设要保质保量，破除城乡二元结构现状

新型城镇化是以城乡统筹、城乡一体、产城互动[①]、节约集约、生态宜居、和谐发展为基本特征的城镇化，是大中小城市、小城镇、新型农村社区协调发展、互促共进的城镇化。新型城镇化的发展目标就是破除我国现阶段的城乡二元结构，统筹城乡共同发展，实现城乡基础设施一体化和公共服务均等化，促进经济社会发展，实现共同富裕。新型城镇化有利于解决经济和社会的多种问题，有利于解决文化消费水平长期低下的问题。

---

① 产城互动指的是以产业发展促进城镇发展，进而通过城镇发展促进产业发展，实现城镇与产业的共同发展、共同促进。

但是，文化消费需要空间基础。全国有 68 万个行政村、260 万个自然村，文化消费建立在 300 多万个村落的分布上是不现实的。如果没有文化硬件设施，没有空间的规划，不从根本上把空间问题解决好，把人口集中起来，把硬件先布置起来，那么文化消费在中国城镇化过程中就是无源之水。

长期以来，我国缺少对农村地区文化消费基础设施建设的投入，这是农村居民文化消费水平低下的重要原因。新型城镇化要实现城乡基础设施一体化和公共服务均等化，或许可以从文化服务平衡化寻找突破口。当下正处于互联网文化消费的高潮之中，文化消费的方式和渠道与之前相比已经有了很大的不同，相对于传统文化消费方式和渠道，互联网文化消费具有投入小、见效快的特点，因此，加大和加快农村地区的互联网基础设施建设对促进农村居民文化消费水平很有必要。

2. 切实完善社会保障制度，特别是农村社会保障制度，降低居民消费支出成本

要提高居民文化消费积极性，就要综合实施和完善医疗、养老、住房、教育、保险等一系列的社会保障制度，同时，综合采用税收、金融等手段，减轻中低收入者支出负担。此外，完善的社会保障制度不仅有利于稳定居民支出预期，增强消费信心，促进居民当期和长期消费，还有利于经济持续增长。

农村是我国弱势群体比较集中的地区，要启动农村居民文化消费，必须从提高农民收入入手。加快农村社会保障制度的建立，增加农民的社会保障收入，是启动农村消费的有效途径。一是适当提高农村养老金发放标准，化解农村居民老无所依的担忧。同时，从财政、税收、金融等政策方面鼓励农民和农村集体为个人账户多缴养老保险费，对个人账户基金实行财政专户存储，并给予优惠利率的照顾，切实提高农村老人养老金的发放水平，这样才能提高农村居民的整体消费能力。二是完善新型农村合作医疗制度，提高各级财政对农民参加新型合作医疗的补助标准，提高农民就医的报销比例，增加对农村医疗服务的投入，扩大农民受益范围，切实解决农村就医难、看病贵和因病致贫等问题。三是健全以农村低保为基础，农村医疗救助、教育救助、法律援助、五保户供养、临时生活困难救助为内容的农村社会救助体系，并与国家扶贫政策机制相配套，建立对有劳动能力的贫困家庭国家给予援助、对无劳动能力的贫困家庭国家给予救助，防止脱困的家庭返贫的社会救助新机制。

提高农村居民的文化消费水平，必须着手建设相关基础设施，没有一定的基础设施，文化消费水平的提升便无从谈起。互联网和电子信息技术的发展为此提供了一条可行的途径。当前，农村居民对互联网和相关家电设备、电子产品的消费需求与日俱增，因此各级政府应该趁此机会，加快农村地区网络、通信、电子信息等相关基础设施的建设，培育农村居民文化消费新的增长点。

此外，只有那些能够使特定消费群体产生共鸣的文化消费产品或服务，才能够真正激发消费需求，促进消费。各级政府应该继续推动和支持文化下乡活动的开展，同时，应该关注活动的质量提升，更应该鼓励相关工作者创造能够反映农村居民生活面貌和展现农村居民精神追求的文化产品或服务，将农村居民吸引到文化消费市场。

3.想方设法促进居民增收，特别是农村居民收入增长，提高文化消费积极性

居民消费需求不足的一个重要原因就是不敢消费，随着消费支出方向和领域的扩大、居民收入来源不稳定性的增强，居民就会依据对生活影响的重要程度进行消费，而文化消费势必首先会受到影响。

只有当收入维持在一定水平时，居民才会改善当前的消费结构，增加相关领域的消费支出。影响农村居民文化消费支出水平的首要因素就是农村居民收入水平，而且农村居民的收入来源非常不稳定，因此农村居民增收一直是各级政府关注的大事。农村居民增收，一靠土地，要求各级政府认真调研，积极贯彻党中央国务院关于农村土地改革的相关政策，坚定不移地维护广大农村居民的切身利益；二靠技能，农村居民大多不具备适应当前工业化、信息化的劳动技能，加强对农村居民的相关劳动技能培训，能在一定程度上提升农村居民的整体素质，扩大农村居民的收入来源。同时，各级政府应该在改善相关信息不对称方面加深认识、加大投入。

我国文化消费区域分布研究

赵佳佳　杨盈竹

　　近年来，随着国际国内经济大环境的改善，我国城镇居民的平均收入水平逐步提高，城镇居民用于消费尤其是用于精神文化消费的支出大大增加。这不仅因为国家大力扶持文化产业，还因为居民的物质需求得到了很大的满足而开始追求精神层面的消费。文化消费的繁荣对提升全体国民素质、增强国际文化竞争软实力以及推动经济发展起着重要作用。

　　尽管我国文化消费整体上有了极大的改善，但是我国文化消费仍存在不平衡的情况，这主要表现在城乡之间和区域之间。这种不平衡的情况是由多种因素造成的，譬如各区域经济发展不平衡、居民收入不平衡、文化消费心理不平衡以及文化消费环境差异大等。针对文化消费存在的不平衡情况，政府应因地制宜地制定相应的政策措施，鼓励文化消费水平较低地区的居民进行文化消费，改善文化消费环境，提供高质量文化消费产品，引导高品位文化消费，协调全国文化消费共同发展进步。

一　我国文化消费的空间分布

（一）文化消费总量的省际分布

2013 年城镇居民人均文教娱乐现金消费支出为 2294 元（见表 1）。从总体来说，每个省区市的文化消费较上年都有所增长。从各个省（区、市）来看，上海、北京、江苏、广东、浙江、福建、天津的人均文教娱乐消费现金支出较高，超过全国平均水平，依次位于全国前 7 名，与上年排名前 7 的省（市）完全吻合，这说明这 7 个省（市）的文化消费仍保持较快的增长速度。其中上海、北京、江苏、广东的人均文化娱乐消费现金支出均超过 3000 元，而人均文化娱乐消费现金支出最高的上海达 4122.1 元，约为全国平均水平的 2 倍。从地理位置来看，这些省（市）均处于东部地区，不过这并不意味着只要是东部沿海省（市）人均文化消费就高。山东虽是东部沿海地区省份，但其人均文化娱乐消费现金支出却远远低于上海等地，甚至低于全国人均文化消费水平。从区域划分来看，低于全国人均文化消费支出的省份大多地处内陆，除了黑龙江和青海以外，其他省（区、市）人均文化消费皆高于 1500 元。

表 1　2013 年城镇居民人均文教娱乐消费现金支出

单位：元

排序	地区	合计	排序	地区	合计
1	上　海	4122.1	17	海　南	1923.5
2	北　京	3984.9	18	湖　北	1922.8
3	江　苏	3290.0	19	河　南	1911.2
4	广　东	3222.4	20	山　东	1909.8

续表

排序	地区	合计	排序	地区	合计
5	浙 江	2848.7	21	安 徽	1904.1
6	福 建	2448.4	22	四 川	1877.5
7	天 津	2353.4	23	宁 夏	1868.4
8	辽 宁	2258.5	24	重 庆	1722.7
9	陕 西	2208.1	25	江 西	1671.2
10	内蒙古	2111	26	甘 肃	1547.6
11	广 西	2084	27	新 疆	1598
12	湖 南	2080.5	28	西 藏	1551.3
13	山 西	2065.4	29	河 北	1550.6
14	云 南	2045.3	30	青 海	1472
15	贵 州	1950.3	31	黑龙江	1396.4
16	吉 林	1935	—	—	—
全国平均			2294		

资料来源：根据《中国文化及相关产业统计年鉴》资料整理而得。

（二）文化消费总量的区域分布

我们将表1中的数据加以整合计算，得出2013年城镇居民文教娱乐消费支出区域①分布图。如图1所示，华东和华北地区人均文教娱乐消费水平较高，均超过全国人均水平，分别为2599.19元和2413.06元。西南和西北地区的人均文教娱乐消费较低，分别是1829.42元和1738.82元，分别位于第六和第七名。人均文教娱乐消

---

① 我们将全国一级行政区域划分为东北、西北、华北、华东、华中、华南、西南7大区域。东北地区包括辽宁、吉林、黑龙江三省；西北地区包括陕西、甘肃、青海、宁夏回族自治区和新疆维吾尔自治区；华北地区包括北京、天津、河北、山西以及内蒙古；华东地区包括山东、江西、江苏、安徽、浙江、福建、上海；华中地区包括湖北、湖南、河南；华南地区包括广东、广西、海南；西南地区包括四川、云南、贵州、西藏、重庆。香港、澳门及台湾由于其特殊性不在数据分析范围之内。

费排名最靠后的省份是黑龙江省，其位于东北地区，东北地区人均文教娱乐消费为 1863.3 元，位于第五名。而表 1 中居于倒数第四名和倒数第二名的西藏和青海都位于西北地区。超过全国人均文教娱乐消费水平的上海、江苏、浙江、福建，全部位于华东地区，华东地区人均文教娱乐消费水平排名第一。华南地区的人均文教娱乐消费为 2409.97 元，位于第三名，其中超过人均文教娱乐消费水平的广东位于华南地区。

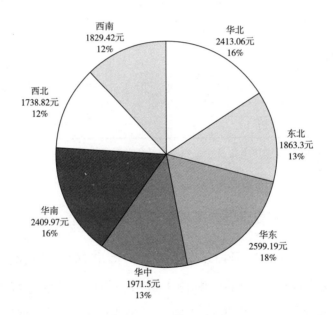

图 1　2013 年城镇居民文教娱乐消费支出区域分布

资料来源：根据《中国文化及相关产业统计年鉴》资料整理而得。

如表 1 和图 1 所示，尽管我国整体上人均文教娱乐消费水平有了很大提高，但是我国文化消费水平存在着较大的区域差异。华东、华北等区域人均文化消费水平较高，甚至高于全国人均文化消费水平；而西北、西南等地区人均文教娱乐消费水平较低。整体上看，我国东部人均文教娱乐消费支出较高，西部相对较低，呈现区域分布上不平衡的特点。

表 2 显示了 2013 年的全国各省（区、市）人均文教娱乐消费增长率，其中全国人均文教娱乐消费增长率为 12.81%。从表 2 中可以看出，全国共有 20 个省（区、市）的人均文教娱乐消费增长率超过全国的人均水平。其中增长率最高的是西藏，高达 181.80%，这部分是因为国家在 2013 年加大对西藏文化事业的支持，以及西藏自身文化体制改革取得显著成效。11 个低于全国人均文教娱乐消费增长率的省（区、市）里有 5 个低于 7%，分别是江苏、陕西、天津、安徽、浙江，其中最低的安徽和浙江出现 -1.48% 和 -4.94% 的负增长。

表 2　2013 年全国各省（区、市）人均文教娱乐消费的年均增长率

单位：%

排名	地区	年均增长率	排名	地区	年均增长率
1	西　藏	181.80	17	湖　北	16.40
2	海　南	45.77	18	福　建	16.32
3	云　南	42.60	19	山　东	15.33
4	贵　州	39.71	20	黑龙江	14.78
5	山　西	37.13	21	江　西	12.36
6	青　海	34.16	22	甘　肃	11.48
7	河　北	28.81	23	上　海	10.70
8	广　西	28.16	24	广　东	9.08
9	河　南	25.30	25	北　京	7.82
10	新　疆	24.77	26	内蒙古	7.06
11	宁　夏	23.25	27	江　苏	6.89
12	辽　宁	22.48	28	陕　西	6.24
13	湖　南	19.73	29	天　津	4.39
14	四　川	18.28	30	安　徽	-1.48
15	吉　林	17.79	31	浙　江	-4.94
16	重　庆	17.14		全　国	12.81

资料来源：根据《中国文化及相关产业统计年鉴》资料整理而得。

对比表 1、表 2 的数据可得出高于全国人均文教娱乐消费水平的 7 个省（市）——上海、北京、江苏、广东、浙江、福建、天津，除了福建外，其余省（市）人均文化娱乐消费增长率均低于全国人均水平，最为显著的是浙江出现负增长。而人均文化娱乐消费支出位居末尾的西藏呈现了较为强劲的增长势头，其增速为181.80%。

如表 3 和图 2 所示，居民文化消费、政府文化消费的支出及文化消费总额均连年增长，且增长趋势相似，其中居民文化消费占文化消费总额的比例较大。从 2007 年到 2013 年我国文化消费总额从 7070 亿元增长至 15875 亿元，增长了一倍多。居民文化消费从 6326 亿元增长至 13827 亿元，增长了一倍多。政府文化消费增速最快，从 2007 年的 744 亿元增长到 2013 年的 2048 亿元，增加了近 2 倍。

表 3　2007～2013 年文化消费总额及居民和政府文化消费情况

单位：亿元

年份	居民文化消费	政府文化消费	文化消费总额
2007	6326	744	7070
2008	6735	873	7608
2009	7570	1135	8705
2010	8903	1256	10159
2011	10212	1537	11749
2012	11502	1836	13338
2013	13827	2048	15875

资料来源：根据《中国文化及相关产业统计年鉴》资料整理而得。

图 3 表明，政府文化消费和居民文化消费占总文化消费的比例较为稳定，前者稳定在 10%～14%，后者稳定在 86%～90%。从图 4 中可得，政府文化消费支出稳步增长，在 2007～2013 年，从 744 亿

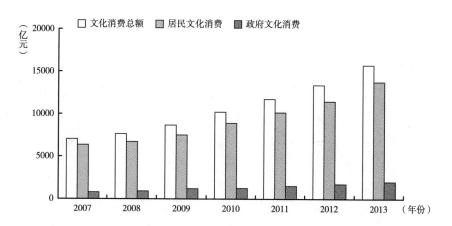

图2　2007～2013年文化消费总额及居民和政府文化消费

资料来源：根据《中国文化及相关产业统计年鉴》资料整理而得。

元增长至2048亿元。政府文化消费支出的增长率有所波动，但从2008年起政府文化消费支出的增长率从未低于11%，且呈波动上升趋势，这表明我国政府对文化消费支出愈来愈重视。

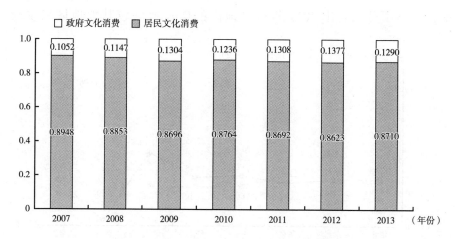

图3　2007～2013年政府文化消费和居民
文化消费占总文化消费的比例

资料来源：根据《中国文化及相关产业统计年鉴》资料整理而得。

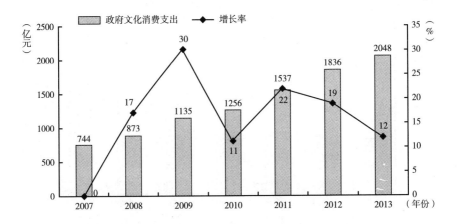

图4　2007～2013年政府文化消费支出及其增长率

资料来源：根据《中国文化及相关产业统计年鉴》资料整理而得。

（三）文化消费增长速度的区域差异

图5给出了各地区文教娱乐消费支出2011～2013年的年均增长率，从图中可以看出2011年西北地区的增长速度较其他地域来说较

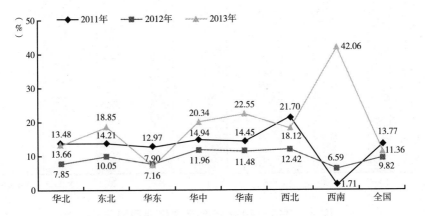

图5　2011～2013年各地区文教娱乐消费支出年均增长率

资料来源：根据《中国文化及相关产业统计年鉴》资料整理而得。

快，西南地区则相对较慢，其他省（区、市）增长率与全国年均增长率相近；2012年整体增速较2011年放缓，西南地区的增长率仍是全国最低，除西南、华北、华东地区外其他地区增长率均超过全国年均增长率（9.82%）；2013年除华东地区外，其他地区增长率均有提高，尤其是西南地区增速显著超过全国年均增长率（11.36%），呈现了强劲的增长势头。

（四）文化消费倾向的地区差异

1. 文化消费倾向的区域差异

由图6可知，华南地区人均文教娱乐消费占人均可支配收入的比例最高，华东地区次之，华北地区位于第三。整体来看，各个地区的人均文教娱乐消费占人均可支配收入比例在11%~14%，相差不大。华南地区的人均文教娱乐消费占家庭总收入比例最高为9.11%，其次是华中地区为8.61%，西北地区位居第三，这与人均文教娱乐消

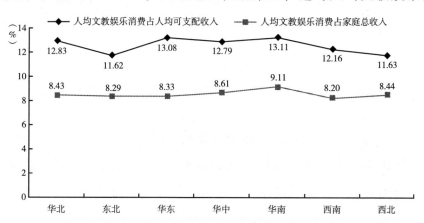

图6　2013年各区域人均文教娱乐消费支出占人均可支配收入及家庭总收入比重变化趋势

资料来源：根据《中国文化及相关产业统计年鉴》资料整理而得。

费占人均可支配收入比例变化趋势有所差别，各地区文化娱乐消费占家庭总收入比例稳定在 8% ~ 10% 。西南地区的人均文教娱乐消费占家庭总收入比例最低为 8.2% ，但与其他地区相差不大。由图 7 可得，华东地区的人均可支配收入最多，为 31186.71 元；华北地区次之，其人均可支配收入为 28629.6 元；西北地区的人均可支配收入最低，为 20605.8 元，与华东等人均可支配收入较高地区相差较大。

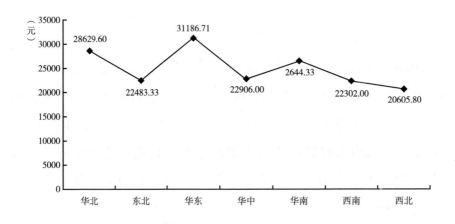

图 7　2013 年各区域人均可支配收入分布

资料来源：根据《中国文化及相关产业统计年鉴》资料整理而得。

2. 东部、中部、西部地区的文化消费倾向差异

1986 年，全国人大六届四次会议通过的"七五"计划正式将我国划分为东部、中部、西部三个地区。东部地区包括北京、天津、河北、辽宁、上海、江苏、浙江、福建、山东、广东和海南 11 个省（市）；中部地区包括山西、内蒙古、吉林、黑龙江、安徽、江西、河南、湖北、湖南、广西 10 个省（区）；西部地区包括四川、贵州、云南、西藏、陕西、甘肃、青海、宁夏、新疆 9 个省（区）。

由图 8 可知，2013 年东部地区人均文教娱乐消费支出最高，为 2719.3 元，高于全国人均文教娱乐消费支出。中部地区和西部地区的人均文教娱乐消费支出分别为 1908.16 元和 1790.94 元，均低于全国人均文教娱乐消费支出。由图 9 可知，2013 年的人均文教娱乐消费趋势与 2012 年、2011 年大致相同，仍旧是东部最高、西部最低，且东、中、西部地区的人均文教娱乐支出均逐年增加。

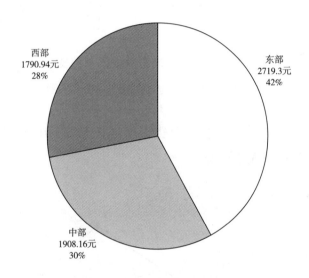

**图 8　2013 年东部、中部、西部地区人均
文教娱乐消费支出分布**

资料来源：根据《中国文化及相关产业统计年鉴》资料整理而得。

图 10 表明，2013 年西部地区的人均文教娱乐消费支出的增长率最高，为 30.74%，其次是中部的 17.08%，再次是东部的 11.49%。全国人均文教娱乐消费支出的增长率为 12.81%。中部和西部地区人均文教娱乐消费支出的增长率均高于全国人均文教娱乐消费支出的增

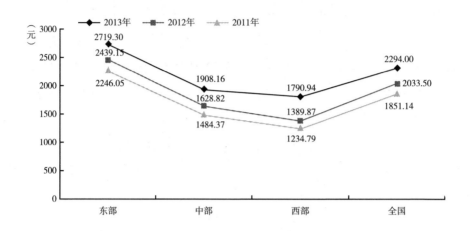

图9 2011～2013年人均文教娱乐消费支出趋势

资料来源：根据《中国文化及相关产业统计年鉴》资料整理而得。

长率。2013年的人均文教娱乐消费支出增长率较2012年有了大幅度的提升，西部提升尤为明显。

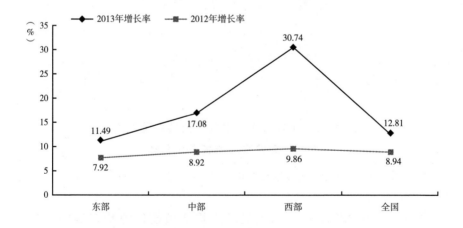

**图10 2012、2013年东部、中部、西部地区
人均文教娱乐支出增长率变化趋势**

资料来源：根据《中国文化及相关产业统计年鉴》资料整理而得。

（五）"一带一路"相关省区文化消费倾向差异

"一带一路"是指"丝绸之路经济带"和"21世纪海上丝绸之路"。2013年，习近平总书记访问哈萨克斯坦时提出了构建"丝绸之路经济带"的设想。同年10月，习近平在参加APEC领导人非正式会议期间，提出了中国愿加强与东盟国家的海上合作，共同建设"21世纪海上丝绸之路"。2014年，习近平在APEC会议上明确了"一带一路"的重要地位。同年11月4日，习近平主持召开中央财经领导小组第八次会议，研究丝绸之路经济带和21世纪海上丝绸之路规划，发起建立亚洲基础设施投资银行和设立丝路基金。2015年3月28日，国家发改委、外交部、商务部联合发布了题为《推动共建丝绸之路经济带和21世纪海上丝绸之路的愿景与行动》的"一带一路"倡议，直接相关的有18个省（区、市），即新疆、陕西、甘肃、宁夏、青海、内蒙古、黑龙江、吉林、辽宁、广西、云南、西藏、上海、福建、广东、浙江、海南、重庆。

从表4可知，"一带一路"各省（区、市）人均可支配收入的分布和人均文教娱乐消费支出的分布大致相同，其中上海的人均可支配收入和人均文教娱乐消费支出均最高，分别是43851元和4122.1元。"一带一路"18个省（区、市）的整体人均可支配收入、整体人均现金消费支出和整体人均文教娱乐消费支出分别是25349.61元、17444元和2131.3元。人均文教娱乐消费支出超过各省平均水平的省份有六个，分别是上海、福建、广东、浙江、辽宁和陕西。青海人均文教娱乐消费最低，为1472元，与最高的上海，相差近3000元，差距较大。

表4 "一带一路" 18个省（区、市）人均可支配收入、人均现金消费支出及人均文教娱乐支出

单位：元

项目	人均可支配收入	人均现金消费支出	人均文教娱乐消费支出
新疆	19874	15206	1598
陕西	22858	16680	2208.1
甘肃	18965	14021	1547.6
宁夏	21833	15321	1868.4
青海	19499	13540	1472
内蒙古	25497	19249	2111
辽宁	25578	18030	2258.5
吉林	22275	15932	1935
黑龙江	19597	14162	1396.4
广西	23305	15418	2084
云南	23236	15156	2045.3
西藏	20023	12232	1551.3
上海	43851	28155	4122.1
福建	30816	20093	2448.4
广东	33090	24133	3222.4
浙江	37851	23257	2848.7
海南	22929	15593	1923.5
重庆	25216	17814	1722.7
18省（区、市）平均	25349.61	17444	2131.3

资料来源：根据《中国文化及相关产业统计年鉴》资料整理而得。

图11表明，"一带一路"各省（区、市）人均文教娱乐消费支出占人均现金消费支出比重的分布与人均文教娱乐消费支出占人均可支配收入比重的分布趋于一致。人均文教娱乐消费支出占人均现金消费支出比重最高的是上海，为14.64%，最低的是重庆，为9.67%。人均文教娱乐消费支出占人均可支配收入比重最高的是广东，为

9.74%，最低的是重庆，为 6.63%。除福建、浙江外，人均文教娱乐消费支出居于前六位的省份的人均文教娱乐消费占人均可支配收入的比重均高于各省整体水平。

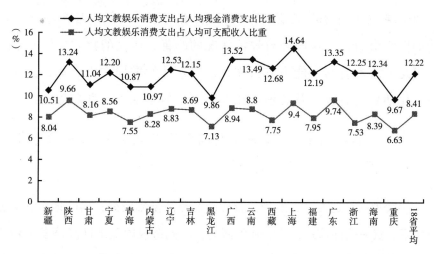

图 11 "一带一路"各省（区、市）人均文教娱乐消费支出占现金消费支出及人均可支配收入比重

资料来源：根据《中国文化及相关产业统计年鉴》资料整理而得。

二 区域文化消费现状

（一）各区域文化消费占总收入及总消费比例不高，但呈现上升趋势

随着我国经济的快速增长，2013 年我国国内生产总值高达583196.7 亿美元，人均 GDP 约为 43320 美元，GDP 和人均 GDP 均有大幅增长，居民拥有更多的可支配收入。但是我国各区域文化消费增长的速度低于经济增长的速度，使得文化消费占总收入的比例偏低，在 8% 徘徊，这与经济发展现状不符。

但是较 2012 年，2013 年消费总量和文化消费总量均有所上升，这种上升是由收入上升带来的。除此之外，文化消费占总消费的比重比 2012 年有所上升，突破 10%，虽然增幅不大，但这显示了文化消费的巨大潜力，并说明随着经济状况的改善，居民的物质生活基本得到满足，逐渐有富余能力进行文化消费，开始增加文化消费，虽各区域文化消费占总收入及总消费比例不高，但呈现了上升趋势。

（二）我国文化总消费及人均家庭总收入的空间分布不均衡，东多西少、沿海多内陆少

沿海地区交通便利、地理位置优越、经济基础较好；内陆地区交通相对闭塞、贸易条件较差、经济基础薄弱，由此造成内陆地区经济发展较为缓慢、人均家庭总收入较低。观察各个区域的文化消费支出占家庭总收入的比重发现，各个区域的比重相差不大，这说明各区域居民的消费欲望是基于家庭总收入产生的，即与其收入成正比。因而，人均收入较低是文化消费支出较低的重要原因，人均收入较低地区的居民有文化消费的愿望却没有文化消费的能力。受可支配收入、人口因素、市场因素等影响，我国文化消费呈现东多西少、沿海多内陆少的局面。2013 年人均文教娱乐消费支出最高的华东地区约是人均文教娱乐消费支出最低的西北地区的 1.5 倍，较 2012 年，缩小了差距，但差距仍旧较大（见图 12）。

随着政治经济形势的变化，当今社会不仅强调效率，而且强调公平。社会公平成为当今政府工作的焦点，也是建设社会主义不可缺少的重要因素。我国文化消费和人均家庭总收入分布不均衡的现象不利于经济的进一步发展、不利于社会公平的实现、不利于民族团结，因此政府必须采取强有力的措施，致力于减轻这种不均衡现象，实现社会公平，激发各地区居民文化消费热情。

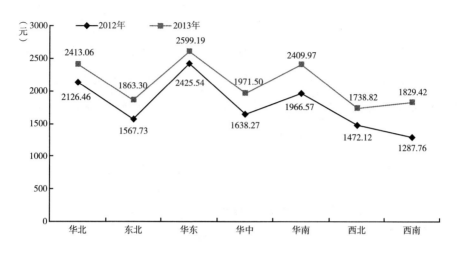

图 12　2012～2013 年各地区人均文教娱乐消费支出分布

（三）区域文化消费呈现强劲的增长态势

2013 年我国人均文化消费的增长率为 11.36%，较 2012 年的 9.82% 有所增长，呈现较强的增长态势。但是，我国文化消费较强的增长态势主要来源于西部欠发达地区，东部沿海地区的省（市）虽然人均文化消费水平较高，但其人均文化消费支出增长速度逐渐放缓。华东、华北等地区的增长速度要低于西南等地区。2012 年全国整体的人均文化消费增速下降，这是因为 2008 年由华尔街带来的次贷危机并未平息，而来自地中海沿岸的欧债危机又强势来袭。中国经济面临严峻的考验，不容乐观。中国的经济增速一直回落，由此带来文化消费支出的回落。随着经济危机的缓解和我国采取了一系列得当政策，2013 年我国经济逐步恢复，由此带来文化消费支出增长率的回升。

2013 年文教娱乐消费支出增长率最高的是西南地区，为 42.06%。2013 年西藏出台了《文化产业发展的指导意见》。党的十八大报告指出要"发展哲学社会科学、新闻出版、广播影视、文学艺术事业。加强重大公共文化工程和文化项目建设，完善公共文化服务体系，提高服务效能。促进文化和科技融合，发展新型文化业态，提高文化产业规模化、集约化、专业化水平"。对西藏相关文化产业予以补贴和免税，鼓励西藏发展文化产业。

三 区域文化消费差异的影响因素

（一）经济发展水平

经济发展水平是文化消费的基础和前提，经济发展状况的区域分布特征决定了文化消费在需求、内容和数量等方面的区域分布特征，这就造成经济欠发达地区与经济发达地区文化消费支出存在不同步的局面。华东、华南、华北属于经济较发达区域，因此文化消费支出较高；相反，诸如西北、东北、西南这样的经济欠发达地区的文化消费支出相对全国平均支出较低。从中可以得出结论，经济发展水平是影响文化消费的重要因素。区域经济发达地区的人均收入普遍较高，可支配收入多，消费能力也较强，故人们文化消费的倾向性较强；而经济欠发达地区的人均收入水平较低，消费能力较弱，故文化消费总量较低。总而言之，经济发展水平是影响文化消费的重要因素。

（二）居民收入水平

亚伯拉罕·马斯洛在《人类激励理论》中按阶梯式将人的需求从低到高分为五种，分别是生理需求、安全需求、社交需求、尊重需求和自我实现需求。这表明人们只有在满足最基本的生理和安全需求后，才会产生较高层次的社交需求、尊重需求和自我实现需求。而收入水平是人们实现这5个需求的物质基础，因此为满足不同层次的需求，人们的消费倾向、方式、心理及所需的收入差别较大。

我国的地区收入差异较为明显，这在一定程度上造成区域居民满足需求层次的不同，从而进一步导致区域居民文化消费的类型和总量的差异。例如，2013年人均可支配收入最高的是华东地区，高达31186.71元，超过全国人均可支配收入9107元；而人均可支配收入20605.8元的西北地区位于末位。相应地，华东地区人均文教娱乐消费支出为2599.19元，西北地区为1738.82元。收入越高的地区，人均文化消费水平越高。

（三）地理位置影响

我国幅员辽阔、地形多变，各区域的地形特征各不相同。华北、华东地区以平原为主，沿海临江，陆路、海路交通便利，适宜居住，人口流量较大，这为商品贸易提供了便利，因此促进了居民文化消费；西北、西南地区多为山地、沙漠，交通不便利，且不适宜居住，这给商品贸易带来了障碍，因而居民文化消费水平较低。

但近年来，中西部地区交通不便的问题通过一系列诸如西部大开发、中部崛起、振兴东北老工业基地的促进经济发展、缩小东西部差距的措施及国家对中西部第三产业的扶持，得到很好解决。地理条件因素对于我国部分区域文化消费支出的限制将随着中西部交通条件改善和文化旅游业的发展逐渐减少。

（四）民族传统习俗、社会文化环境

文化的继承性使得不同民族的传统习俗各不相同，这对于整个区域的文化消费内容和数量都产生了巨大的影响。在漫长的历史发展过程中，不同民族的消费结构、消费心理逐渐呈现稳定性和延续性特征。我国民族众多，各民族的文化传统与习俗各不相同，同时我国各民族的分布具有显著的区域特征。第五次人口普查统计表明，西北地区少数民族人口占全国少数民族人口的30.1%，西南地区的少数民族人口占全国少数民族人口的29.4%，而华东地区的少数民族人口只占全国少数民族人口的1.9%。不同区域民族分布有所不同，这决定了不同区域历史传统的不同，因而对区域文化倾向产生不同影响。

除此之外，社会文化环境的开放或封闭亦是影响其居民文化消费的重要因素，并在某种程度上决定了文化消费的发展趋势。我国不同区域的社会文化环境不尽相同，譬如华南、华北的东部沿海地区，受改革开放政策的影响并基于其沿海优势，形成开放的文化环境氛围，这将推动文化消费的发展与革新，形成多元化空间、开放性思维、网络化结构三者相互融合的新型文化消费特征；而西南、西北等区域地处内陆、交通不便，造就了其较为封闭的社会文化环境，因而形成倾向于稳定的文化消费模式。

（五）政府政策影响

文化消费需要政府进行宏观调控。首先，政府要制定相关政策和建立有关文化产业发展的制度，对文化消费和文化产业发展进行引导和激励，以确保文化消费发展方向正确。其次，政府应为文化消费创造良好的环境，完善和改进文化消费市场、保证文化产品渠道畅通，以保障消费者能够顺利进行文化消费。最后，政府应该致力于缩小区域间文化消费差异，整合区域协调发展，发展多种文化消费形式以调动区域居民文化消费积极性。

政府政策主要影响文化消费的供给方面，对文化产业实行优惠经济政策对于供给方而言具有激励作用，能够提高其文化产品的供给效率。文化经济政策对于发展文化产业必不可少，文化经济政策是国家管理文化事业和文化产业的重要手段。现今，我国文化产业处于萌芽成长期，因此政府正在探索及试验诸多涉及群众利益的改革。

（六）消费者文化素养

消费者是文化消费的主体。不同性别、年龄、职业和受教育程度的消费者，其消费价值观念亦不同，从而进一步促使消费者做出各种各样的消费选择。区域间消费者素质的不同是导致各区域文化消费差异的重要因素，也是促使区域间表现不同文化消费分布特征的重要动力。

消费者文化素养水平决定了他对文化消费的需求，而文化素养水平由受教育程度决定。文化消费有一个独特之处，文化商品的价值不是来源于它本身带来的物质享受，而是来源于消费者从文化消费品中得到的精神层面的感受，这个感受是因人而异的，因而消费者的文化素养越高，他对文化消费的需求就越高。而受教育程度高的居民拥有更宽广的消费领域和更多样的消费方式，他们易于接受新事物，如文化消费、旅游消费、网上消费等，这有助于形成新的文化消费热点，从而带动文化消费水平的提升。我国不同区域的居民受教育程度是不同的，尤其是我国教育资源分布呈现区域不均衡状态。

（七）国外文化产业的影响

当今国际竞争不仅表现在政治、经济方面，也表现在文化方面。"提高国家文化软实力"不仅是我国文化建设的一个战略重点，对提高我国的硬实力起着至关重要的作用。因此，我国一直有关于开放和反开放文化市场的争论。由于我国文化资金实力、创新能力、国际贸易竞争力较弱，科技水平较低，我国文化软实力的提升相对缓慢，我国的文化产业发展水平与西方的主要发达国家相比还存在较大的差距。一方面，外来文化产品的大量涌入对我国部分区域消费者的文化价值观产生剧烈冲击，一些崇洋媚外者着迷于外来文化产品，不加选择地消费外来文化产品，从而减少了对本国文化产品的消费，不利于我国文化产业的发展；另一方面，由于文化冲突，部分区域的居民盲目排外不愿认同外来文化，不愿进行消费。

例如，外来文化对于华东地区即东部沿海地区的影响较大，其四通八达的地理位置，使该地区的消费者思想观念较为开放，更加愿意尝试新鲜事物即外来文化产品，更加注重满足自我的精神需求；而西北内陆地区由于对外开放程度低及地理因素的限制，该地区的消费者更倾向于本国传统文化，更加注重实用性和稳定性，而不愿尝试外来文化产品。

（八）其他影响因素

我国区域文化消费支出呈现明显的差异分布，而这种差异是由多种多样的因素造成的，这些因素相互影响、相互作用，使各区域居民有了多种多样的文化消费选择，因此区域间文化消费呈现突出的差异性。除此之外，区域间文化消费还受其他宏观层面因素的影响。

一是我国的经济现状。当前我国正处于经济转型期，且正在进行多项改革，在尚未规范化的市场经济刺激下爆发的"原欲"给社会生活带来剧烈震荡，与此同时，不完善的社会保障体系也给居民带来了影响。在这种情况下，居民很可能增加储蓄而减少消费，从而文化消费支出总量较少。我国正处于经济转型期，各项改革在各区域间推行的进度和力度大有不同，并且某些改革措施是针对部分地区推进的，因而这就对区域间文化消费产生了影响。

二是全球经济的衰退和良好的国内经济发展形势共同影响文化消费。受国际金融危机的后续影响,世界经济总体增长乏力,未完全摆脱危机阴霾,发达经济体经济走势不一,不少新兴经济体也面临增速下滑挑战,复苏进程较为曲折。在这种大背景下,消费对经济复苏的拉动作用尤显重要。其中文化消费具有强烈的"反经济周期"特点,因而在拉内需、促消费方面至关重要。中国文化消费市场广阔,国外诸多大型国际文化企业都将战略目标锁定在中国市场。但是,不同区域应对较差的全球经济形势的能力不同,其促进文化消费以拉动经济增长的能力也有所不同,因而国外诸多大型国际文化企业的战略目标分层次的定位于中国的不同区域,从而进一步加大了我国区域间的文化消费差异。

四 促进区域文化消费协调发展的对策建议

(一)针对西部落后地区,在财政上给予文化产业支持,健全文化消费市场的体制机制及文化消费的供应机制

虽然中西部地区文化消费总量较低,但其文化源远流长、丰富多彩,具有广阔的文化消费市场和多种多样的文化资源,这些可以转化为巨大的发展潜力和强劲的发展动力。尽管中西部地区居民收入水平较低,但其文化消费意愿较为强烈,因而只要改善其收入状况,文化消费将大大增长。因此,政府应该引导和支持中西部地区形成完善的公共服务体系,大力推进文化产业和文化消费市场的建设,以中西部地区本地的文化为特色开发创意文化产品,改善中西部地区经济状况,激发中西部地区居民对文化消费的需求。

对于类似中西部情况的地区，政府应该借助宏观调控手段对产品价格进行调节，对文化消费市场进行引导，降低定价过高的产品价格和对价格过高的项目进行补贴或实行免税政策，使文化消费成本和门槛降低。文化产品要贴近大众、贴近生活；要能使消费者产生共鸣。与此同时要监督和管理文化产品市场，健全相应的法律法规，优化文化消费环境；应多种措施并举，拓宽文化产品消费渠道，扩展文化消费市场，激发居民文化消费欲望。

详细说来，政府应加大对图书馆、博物馆、展览馆、纪念堂、文化宫、大剧院等公共文化设施的投入，提高中央对地方在文化领域的专项转移支付额度以及地方政府对本地文化领域的投入，对于文化产业予以适当的税收优惠以鼓励文化产业的发展，为居民提供更加丰富多彩的文化生活、多种多样的文化消费的场所以及更高质量的文化活动，同时促进公共文化资源的整合与开发，打造文化品牌，形成具有特色的文化产业。通过规划指导、政策支持、专项资金扶持、差别定价、票价补贴等多种手段，使文化产业繁荣发展、文化消费市场覆盖广泛。

（二）针对东部经济发达地区，引导居民高质量消费，促进文化市场进一步繁荣发展

华东、华北等东部及其他经济发达地区文化市场发展程度较高，文化消费市场较为完善。但近年来其文化消费增速放缓，一些省市文化市场趋于饱和。此类地区应该着重拓展文化消费市场，在满足居民基本精神文化需求的基础上，着力开发研制高品质、高精尖的文化产品，同时进一步发展中低端文化展品，以满足不同居民的不同需求，提供个性化、差异化的文化产品和服务，以先进的文化理念、科学的文化发展方向引导居民提高文化消费水平及质量，从而推动文化市场蓬勃发展，促进文化产业、文化消费升级，培育新的文化消费增长点。

促进东部地区文化消费质量的提高有以下两个要点：其一，文化产业发展战略要结合相应地区的特色，发挥核心企业、现代信息技术、文化创意人才及文化创意产业的作用，将高科技注入文化消费产品，创造以科技为依托的文化产业升级新增长点；其二，依托地区经济形势，以当地文化特色为基础，积极与国内其他地区以及国外交流沟通，致力于形成一个完整的相关性强的文化消费带，形成产业链，提高国际知名度，增强国际竞争力，同时带动周边文化产业繁荣发展。

另外，东部地区，尤其是华东、华北地区的沿海省市，有靠海交通便利的地理位置优势，应该成为文化消费增长的动力，在此基础上大力推进对外开放，学习西方成功的文化产业发展战略，并且吸取其失败案例中的教训。洋为中用，取其精华、去其糟粕，汲取其中适合中国文化产业和中国文化消费市场发展的内容。我国地大物博、资源丰富，东部地区的信息技术尤为发达，因此东部地区可以依托这个优势并结合文化创意，将我国优秀文化加以丰富和创新，创造出既包含中国特色又能吸引消费者消费的文化产品。在当今社会，需求决定生产，因此只有生产出消费者需要的文化产品，文化消费才会增长。

（三）针对西南、东北等地区，应优化其文化消费结构，发展新的文化消费热点

西南地区文化消费在全国人均文化消费中排第6位，东北地区文化消费排在第4位，且这两个区域居民的文化消费意愿不高。针对东北、西南地区文化消费倾向较低、人均文化消费不高的问题，在宏观层面上，中央和地方政府应该积极引导，加快优化改善这两个地区的文化消费结构。

首先，在抓住各自以往的消费热点的同时，东北和西南地区应该推动相关文化产业的转型升级和产品结构的更新换代，使文化产品和

项目的种类更加多样化，使文化产品和项目的质量得到提升，并且开发深层次热点文化消费项目，提高内涵、层次和服务质量，从中发现并培养新的增长点。其次，应结合区域的差异性，相应地使用诸如财政、税收等宏观手段，对存在短板的文化产品的生产和销售进行引导，促进区域内以及不同区域之间文化产品的消费均衡。最后，对居民大力宣传和提倡健康积极的文化消费理念和良好的文化消费习惯，增强居民对文化消费的愿望。

（四）根据不同区域的文化消费需求政府应创造良好的政策环境

一直以来政府都将文化消费定位在意识形态领域，并没有制定与文化消费相关的法律法规，也没有形成相关的文化消费体系。各个区域因地制宜地发展自己的文化产业，导致其发展的聚焦点、方法和模式都大不相同，因而除了国家层面，还需着眼于区域层面，制定相应的产业发展战略和文化消费体系。区域层面的发展战略，必须以各个区域自身的特色和优势为基础来制定发展战略，既不能以偏概全，也不能照搬照抄国家宏观层面的文化产业发展战略，避免出台内容空洞、不易实施的政策。具体可以从以下三个方面着手。

首先，健全的公共文化服务体系是基础。健全的公共文化服务体系能够满足居民对文化消费的需求，确保居民的文化权益得到保障，并且可以充分发挥公共财政的支撑作用。因而，各区域相关部门应该始终以政府为主导，加大对公共文化服务的投入，使居民的文化消费需求依次得到满足。

其次，各个区域应当以低收入群体为基准来制定相关的文化消费政策。与此同时，政府使用宏观调控手段来缓解居民因收入过低而造成的文化消费水平低的现象，建立区域内部文化消费全方位、多元化的发展格局。各区域政府不应只关注文化消费支出水平高的消费群体，而应多关注文化消费支出水平低的消费群体，对低收入群体进行补贴和免税，增强消费者文化消费欲望，促进区域文化消费的发展。

最后，各个区域在制定文化消费政策时必须以区域特点为出发点和落脚点。如上所述，切忌以偏概全，照搬照抄。在借鉴发达国家成功的经验、吸取其失败教训的同时，必须结合本区域的风俗习惯、文化特色等相关因素。对于地域文化资源积淀深厚、类型丰富的地区必须立足于发展区域文化产业，让地域文化资源优势得到充分发挥。把握好区域文化资源与区域文化产业发展的关系，深入分析文化产业类型特点，以选择合理的文化产业类型。在选择文化产业类型时必须充分考虑到信息化以及科学技术不断发展的因素，并将这些因素同地域文化资源有机地结合起来。

此外，必须降低区域文化消费支出对相关政策实施的依赖性，因为这种现象容易造成区域文化消费发展不均衡，甚至使区域间文化消费差异增大。因此，在制定政策时，要从实际出发，要清楚地知道政策只是起辅助促进作用。

（五）协调区域间文化发展，建立一体化的文化消费市场

我国的文化消费还未成熟，这表现为各个区域文化消费占总收入的比重较低。文化消费疲软的主要原因是文化市场管理属于国家层面上的行政管理，而各个区域的行政管理是各自独立的，这使得文化市场被分割，同一个地区的省（区、市）之间和不同区域之间的文化市场发展差异较大。当前我国文化消费市场主要存在两大问题，一方面特色文化产品缺少市场、流通性差，无法在各个区域间流通；另一方面，消费者虽有消费欲望，但对各种各样的文化消费产品难以抉择。因而，应提倡各区域文化发展相互协调的观念，建设跨区域一体

化的文化市场，对文化资源加以整合，使区域间和区域内文化资源相互补充、相互促进，缩小区域间文化消费发展的差异。

　　不少学者曾就市场分割的劣势予以研究，大量文献指出相较于市场分割，市场整合能够大大提高市场效率并且促进区域间的消费增长。政府应基于地域特征布局文化产业，整合区域文化消费发展，消除文化市场分割局面，以大区域发展为背景，各个区域应立足本地区文化消费特点，形成与众不同的特色或优势；在市场细分、细化的前提下，依据各个区域自身文化发展的实力和方向特点，找准自己的定位，锁定相应的消费群体；促进区域间和区域内文化协调合作发展，建立广泛的合作平台；建立一体化、跨区域、跨省市的文化市场，丰富消费者文化消费的渠道，使得文化产品能够跨区域、跨省市甚至跨国流通。丰富文化消费市场，为消费者提供更多选择，激发消费者的文化消费热情。具体可以从以下几个方面着手：其一，建立文化市场信息共享和互联互通平台，加强区域间文化商务信息沟通与合作；其二，推动区域间文化市场共同监管体系的建立，监管互认、执法互助，形成权责一致、运转高效的区域市场综合监管体系；其三，加强区域间交通建设，为跨区域文化市场建设提供坚实的基础。

城镇化背景下的城乡文化消费研究

赵佳佳　杨盈竹

2013 年我国城镇人口高达 7.31 亿，城镇人口占总人口的比例为 53.73%，继 2012 年后，我国城镇化进一步扩大。2013 年 3 月，国务院总理李克强指出，城镇化是我国经济增长的巨大引擎，是本届政府的工作重点，新型城镇化是以人为核心的城镇化，并特别强调要防止城市病，不能一边是高楼林立，一边是棚户连片。解决城市内部的二元结构，也是降低城镇化的门槛。城镇化发展应致力于缩小城乡差距、优化城乡结构、加快城乡一体化发展。下文数据来源于《中国文化及相关产业统计年鉴（2014）》，笔者结合相关文献，对城镇化过程中存在的城乡文化消费差异问题进行分析，并提出相应的解决措施。

一　城乡文化消费现状

（一）城乡居民收入及文化消费差距持续增大

人均收入水平是影响人均文化消费的重要因素之一，尽管城镇化速度加快，但质量并不高，并没有带动、促进农村经济的繁荣发展，使得城乡人均收入的差距增大；尽管城乡居民的人均收入都有增长，但城镇居民的人均收入增速快于农村居民。因此，城乡居民人均收入差距持续增大。

从图1可知，2004～2013年这10年间我国城镇居民家庭人均可支配收入和农村居民家庭人均纯收入均以较大的增幅连年增长，但城镇居民的人均可支配收入远远高于农村居民人均纯收入，两者之间的差距十分明显。

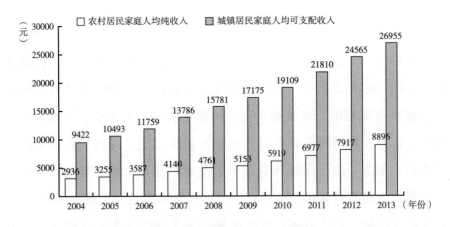

图1　2004～2013年我国城乡居民家庭人均收入

资料来源：根据《中国文化及相关产业统计年鉴》资料整理而得。

从图2可以看出，2005～2013年这9年间我国城镇和农村居民家庭的人均文教娱乐消费支出均持续增长，但城镇居民家庭的人均文教娱乐消费支出远远高于农村居民家庭的人均文教娱乐消费支出，两者之间差距十分明显。

图3表明，2005～2013年农村居民家庭人均文教娱乐消费支出占现金消费支出的比重始终低于城镇居民家庭人均文教娱乐消费支出占现金消费支出的比重。近几年的城镇居民家庭人均文教娱乐消费支出占现金消费支出的比重稳定在12%左右，农村居民家庭人均文教

图2 2005～2013年我国城乡居民家庭人均文教娱乐消费支出

资料来源：根据《中国文化及相关产业统计年鉴》资料整理而得。

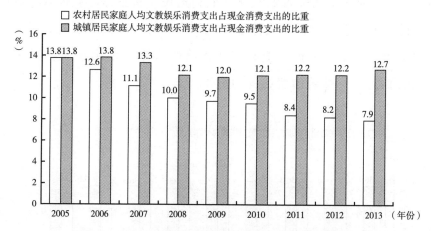

图3 2005～2013年我国城乡居民家庭人均文教
娱乐消费支出占现金消费支出的比重

资料来源：根据《中国文化及相关产业统计年鉴》资料整理而得。

娱乐消费支出占现金消费支出比重的变化较前者明显，自2006年起农村居民家庭人均文教娱乐消费支出占现金消费支出的比重逐年下降，而2009年后城镇居民家庭人均文教娱乐消费支出占现金消费支出的比重逐年上升。

（二）城乡居民文化消费结构逐渐优化，消费内容逐步丰富

我国经济正处于蓬勃发展时期，经济发展使得我国城镇居民的人均可支配收入和农村居民的人均纯收入都得到增长，城乡居民文化消费的经济限制得到缓解，促使其进行更多的文化消费。城乡居民的消费方式不再拘泥于几种单调简单的文化娱乐活动，而是更加多样化，更加优质化，更加丰富多彩。

恩格尔系数是食品支出总额占个人消费支出总额的比重。图 4 展示了 2005～2013 年我国城乡居民恩格尔系数的状况，从中可以得知城镇居民的恩格尔系数始终低于农村居民的恩格尔系数，这说明城镇居民的生活水平和可支配收入优于农村居民。从整体趋势来看，城镇和农村居民的恩格尔系数大体上呈现下降趋势，尤其是农村居民的恩格尔系数，这在一定程度上表明居民将收入更多地用于非物质消费（文化消费），意味着消费结构的优化。

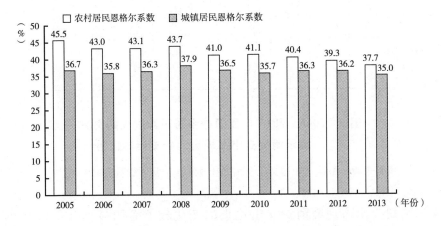

图 4　2005～2013 年城乡居民恩格尔系数趋势

资料来源：根据《中国文化及相关产业统计年鉴》资料整理而得。

（三）公共文化服务体系逐步完善

随着经济的发展，政府对文化发展越来越重视，颁布了相关法律法规，大力支持文化产业的发展。为了满足更多消费者的文化需求，政府致力于完善、健全公共文化服务体系，对文化设施建设加大财政投入力度，新建了许多图书馆、博物馆、大剧院、美术馆、少年宫、文化站等相关公共文化服务场所，修缮原有的公共文化服务场所，以满足城乡居民日益增长的物质文化需求。表1和图5是2005～2013年我国图书馆的基本情况，从表1中可以看出我国公共图书馆机构个数逐年增长，这与政府加大财政投入和进行政策支持分不开。图5表明，我国公共图书馆藏书量、流通总人数及书刊文献外借册数均逐年上升①。这说明，我国居民的文化消费意识逐步增强，更多的居民加入文化消费的行列。文化消费对于提升居民的文化素养和综合素质起着至关重要的作用；居民在文化消费的过程中潜移默化地提升自身修养；公共文化服务体系的逐步完善对我国国民整体素质的提升大有助益。

表1　2005～2013年我国公共图书馆基本情况

年份	机构数（个）	总藏量（万册件）	总流通人次（万人次）	书刊文献外借册次（万册次）
2005	1762	48056	23332	20269
2006	2778	50024	25218	21039
2007	2799	52053	26103	21319
2008	2820	55064	28141	23129

---

① 文化消费的内容十分广泛，不仅包括专门的精神、理论和其他文化产品的消费，也包括文化消费工具和手段的消费；既包括对文化产品的直接消费，比如电影电视节目、电子游戏软件、书籍、杂志的消费，也包括为了消费文化产品而消费各种物质消费品，如电视机、照相机、影碟机、计算机等。此外也需要各种各样的文化设施，如图书馆、展览馆、影剧院等。

续表

年份	机构数（个）	总藏量（万册件）	总流通人次（万人次）	书刊文献外借册次（万册次）
2009	2850	58521	32167	25857
2010	2884	61726	32823	26392
2011	2952	63896	37423	28452
2012	3076	68827	43437	33191
2013	3112	74896	49232	40868

资料来源：根据《中国文化及相关产业统计年鉴》资料整理而得。

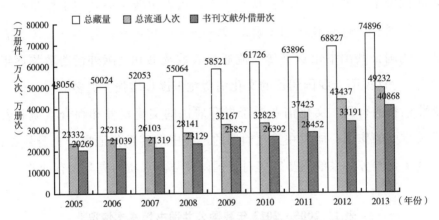

图 5　2005～2013 年我国公共图书馆基本情况

资料来源：根据《中国文化及相关产业统计年鉴》资料整理而得。

二　城乡文化消费的主要问题

（一）城镇居民家庭间的文化消费能力和消费结构差异大

第一，尽管城镇经济发展迅猛，但城镇化速度过快使得城镇内部出现二元结构，农业转移人口收入较低，与城镇本地居民差距较大。另外，城市物价高，买房、养老压力较大，因而居民基本没有闲余的钱来进行文化消费。

第二，老师、作家、画家以及单干户和个体经营者等工作时间较为灵活、闲暇时间相对充沛且收入较高，因此他们有资本进行更多的文化消费；而外企雇员、从事销售及服务行业的居民休息时间相对少，尤其从事销售行业的居民的工作收入不稳定[①]，因而几乎无暇进行文化消费。

第三，二三十岁的年轻人对流行文化较为着迷，热衷于进行娱乐性质的文化消费，但由于他们还是学生或刚刚就业收入不高等经济方面的原因，他们对文化消费品的选择局限在网购、网上冲浪和团购电影票、代金券、KTV 优惠券等相对便宜的娱乐消费品方面；四五十岁的中年群体收入较为稳定且有一定的经济基础，他们更加注重精神消费的质量和档次，他们通常通过购买话剧、舞蹈等演出门票和收藏书法绘画作品、下棋等更加高雅的方式进行文化消费；六七十岁的老年群体都已经退休，他们的闲暇时间比较多[②]，因此他们对文化消费的需求更加迫切。

以上三个因素共同造成城镇居民家庭间的文化消费能力和消费结构差异大。

（二）农村居民文化消费方式不健康，农村文化产品不贴近生活

农村的青壮年劳动力大多进城打工，村中只剩下留守儿童和空巢

---

① 销售服务行业工资一般由底薪和提成组成，而提成是不稳定的。
② 当前随着观念的转变，家长更愿意将孩子送入幼儿园由专业的看护人员进行看护，因此老年人从照看孙子、孙女中解脱出来。

老人，因此农村文化消费缺少消费主体。除此之外，我国大部分农村缺乏公共服务场所，公共文化设施老旧，文化活动缺乏；农村地区还热衷于人情消费和面子工程，一个人从出生到去世，每一个人生阶段都要请客送礼金，这就使得很多农村居民的消费方式不健康，农村居民的收入除去物质需要全部花费在人情上，不得不减少对文化消费的支出。

随着互联网、多媒体、数字技术等在农村普及，农村居民能够通过广播、电视、网络、音像制品、报刊书籍等途径进行音乐、文学、戏剧、舞蹈、摄影、书法、杂技、戏曲等文化活动，但是这些文化活动并不能从深层次贴近和反映农民的生活，不能使农民产生共鸣，因此能够反映农村文化特色的文化消费品不足。

（三）城乡间公共文化服务体系差距大，城乡文化消费差距加大

地理位置因素和政策因素是区域间及城乡间公共文化服务体系和城乡文化消费出现较大差距的主要原因，近期我国已意识到并开始关注区域间及城乡间公共文化服务体系和城乡文化消费差距大的问题，不断扩大在公共文化服务体系方面的财政资金的投入，但该问题仍未得到妥善解决。相对于农村来说，城镇的公共文化服务体系比较健全，公共文化设施比较完善，文化创新能力较强，居民进行文化消费的倾向更明显。

随着社会经济的繁荣发展和国家"三农政策"的大力扶持，农村经济发展迅速，农村人均纯收入逐渐提高，缓解了农村居民进行文化消费的经济限制，使农村居民有文化消费的能力，同时也激发了农村居民的文化消费热情。但农村居民进行文化消费还面临另外一个大问题，即虽有消费热情和消费能力，却缺少文化消费产品、市场、氛围和公共文化服务体系。而且，地方政府在公共文化事业投入方面不足，无法建造足量的公共文化设施来满足农村居民的文化消费需求。

（四）公共文化设施未得到充分利用，公共文化服务外部性不明显

从新中国成立起至改革开放前，我国经济发展一直是以计划经济为主导，这对我国的政治体制及宏观调控政策调整有着深远的影响。公共文化产品通常不是由市场进行配置，而是由政府供给或是由政府拨款私人承建，这就使得公共文化产品的供给往往不能满足城乡居民的需求。公用文化产品是具有正外部性的产品，其私人边际收益往往是高于其社会边际收益的，政府供给公共文化产品通常是入不敷出的，再加上公共文化设施的维护也需要大量资金，因此政府有限的财政收入造成文化产品的供给不足，且没有达到最优的。已有的公共文化场所并没有很好地与居民的生活融为一体，并没有很好地宣传自己，不能吸引更多的居民进行文化消费，使得公共文化设施未得到充分利用。

在经济发展和人民生活水平不断提高的同时，居民已经不满足于仅仅从公共文化服务体系和公共文化事业中得到文化消费的满足，开始倾向于更多的文化消费和更高质量的文化消费。长久以来，民间资本进入市场总会遇到各种各样的有形的或是无形的障碍，无法给公共文化的生产和供给领域注资。地方政府在公共文化方面积极性不高，没有明确的法律法规指导他们的行为，财政经费的不足，以及政府提供的公共文化产品没有贴近群众并结合当地文化特色，使得居民很难对公共文化产品产生共鸣，由此公共文化服务的外部性不明显。

（五）市场准入壁垒阻碍民办文化企业进入市场，民办文化服务陷入困境

政府财政资金有限，需要资金投入的领域广泛；民间资本活力较

强，但由于市场准入壁垒的存在，民资往往很难进入公共文化产业领域。国家制定的一些政策对民营企业不适用，地方政府对文化资源实行垄断，民营企业没有发展空间。另外，即使民营文化企业突破重重壁垒建立发展起来，也难以扩大规模，跨区域延伸发展受制约。这主要是由于：其一，民营企业融资难；其二，民营企业的发展环境不理想；其三，民营企业与政府沟通渠道不畅通。因此，民办文化服务陷入困境。

同时除了外部环境及监管不力等因素以外，民营企业自身也存在缺陷：其一，民营企业规模过小，行业结构不合理；其二，民营企业的管理技术较为落后；其三，民营企业装备落后，缺乏竞争力。因此，民办文化服务陷入困境。民营企业必须找准自己的发展模式，提高核心竞争力，提高文化产品质量，勇于进行文化创新，以此来满足城乡居民的文化消费需求。

三　促进城乡文化消费融合发展的对策建议

（一）进一步促进城镇居民文化消费增长及文化消费方式多样化

鉴于历史因素及我国从农业化向工业化、城市化转变的现实情况，城乡二元结构体制成为当前中国社会结构的一大特点。今时今日城乡结构二元制已经不符合时代发展潮流，成为我国经济和社会发展中的一个严重障碍。但是基于城镇和农村政策的差异，城镇居民仍是文化消费的主体，因此必须激发城镇居民文化消费积极性，拓宽城镇居民文化消费的途径，进一步发挥他们作为消费主力军的作用。

1. 激发城镇居民的文化消费热情，促进高品质文化消费

提高居民文化消费支出必须从激发城镇居民文化消费热情开始，政府应该大力宣传和倡导健康的文化消费理念和文化消费方式，营造积极向上的文化消费环境，加大对公共文化服务体系和公共文化事业的投入，以此带动城乡居民进行文化消费，满足城乡居民的精神文化需求。城镇居民的文化热情来源于他们对文化消费的需求，如若城镇居民的文化消费需求得不到满足，他们的文化消费热情就会逐步减退甚至消失殆尽。因此，必须完善文化产品市场，畅通文化产品流通渠道。文化产品市场的文化产品种类太单一也会影响城镇居民的文化消费热情，因此丰富文化产品种类、拓展文化消费方式十分必要。除此之外，据调查表明，中国消费者对文化消费价格高质量低的现状极为不满。鉴于此，不仅要转变居民文化消费观念、提高居民文化素养，还要提高文化产品质量。

2. 优化城乡居民文化消费结构

消费结构是在一定的社会经济条件下，不同类型的消费者和社会集团在消费过程中所消费的不同消费资料的比例关系。消费结构既要有质又要有量，两者是统一的。消费结构受多重因素的影响，譬如消费者的消费心理、政策因素、社会经济发展水平、消费者的收入水平等。要优化城乡居民的文化消费结构必须对文化产品进行创新，丰富文化产品市场，引导城乡居民树立合理的文化消费理念，完善文化市场，提高城乡居民人均收入水平，开拓新型文化，规范消费者消费行为，丰富和提升文化消费项目的内涵，将居民的文化消费潜力最大限度地开发出来。

3. 加强文化产品宣传，改善文化消费环境

加强文化产品宣传是促进文化消费的重要途径，也是促进城乡文化消费融合、缩小城乡文化消费差距的关键。城乡居民尤其是农村居民获取信息的渠道并不畅通，很多信息无法及时获取，因此造成其文化消费的缺乏。现在，居民主要通过电视、广播、期刊及网络等途径获取文化消费信息。这些文化消费信息传播覆盖面较广、公共性较强，但针对性不强。对所有的城乡居民传播的文化消费信息是一样的，没有因人而异宣传适合本地特色的文化产品，没有发挥居民身边的诸如社区公告、POP广告等宣传途径的作用。

改善城乡居民的文化消费环境对促进城乡居民文化消费也是至关重要的。当前我国文化发展政策的着重点在于发展文化产业、增加文化产品供给，但是并没有关注扩大文化消费需求。单单依靠文化产品供给增加是不够的，文化消费支出是由文化产品供给和文化消费需求共同决定的，因此必须大力推进文化消费需求的发展。但鉴于我国当前文化设施及场所缺乏、质量低下、体系不完善，城乡居民的文化消费热情被大大削弱。我国必须加强公共文化体系建设，在生产公共文化产品的过程中形成政府与城乡居民互相沟通的良好局面，坚决维护我国文化消费市场秩序，确保文化安全，全面促进文化消费增长和文化市场繁荣。

（二）提高农村居民人均纯收入，优化农村文化产业结构

农村居民人均纯收入水平较低，严重制约了农村居民的文化消费支出，因此要想缩小城乡间文化消费差距就必须提高农村居民人均纯收入。政府应该加大对农村地区公共文化事业的建设，建立完善的城乡互助体系，以城市文化产业发展带动农村文化产业发展，以城镇居民文化消费需求增加带动农村地区文化消费需求增加。鼓励农村发展符合自身特点的文化产业，以增加农村地区的就业和创业率，激发农村地区文化产业发展的巨大潜力，拓宽农村地区文化消费市场。

1. 健全农村地区公共文化服务体系

公共文化服务体系即面向大众的公益性的文化服务体系。政府应该在公共文化设施建设上增加财政支持，增加和修缮农村地区文化设施，组织农村居民开展多种多样高质量、高水准的文化活动。推进农村地区公益性文化项目开展落实，扩大公共文化服务覆盖范围，打造以县为单位的公共文化服务网络，大力推进县级公共文化服务基础设施建设，使县域公共文化服务处于核心地位；对村级文化资源加以整合，建设分工明确、井然有序、管理得当的村级公共服务体系，以此带动整个农村地区公共文化服务体系的建立和健全。

2. 对农村文化产业实行政策优惠

从总体情况看，我国农村文化资源丰富，市场空间广阔，发展文化产业潜力很大。政府应对农村文化产业实行减免税收或是予以补贴政策，大力扶持农村文化产业发展。促进农村文化产业发展有四个显而易见的好处，分别是：第一，有助于带动农村经济发展，提高农村居民生活及收入水平；第二，促进农村文化进步，增强农村居民文化消费意识；第三，有利于提高农村居民文化素养和综合素质，从而有益于提高全民族文化修养；第四，有利于解决农村地区就业问题。因此政府必须大力推进农村文化产业发展，加大对农村地区公共文化市场的资金投入，宣传农村地区的本土文化，取其精华、去其糟粕，以乡土气息浓郁、民族性和地域性突出、特色鲜明的文化品类为开发重点，努力打造特色品牌优势。

3. 建立健全农村社会保障体系

农村社会保障制度是我国整个社会保障体系建设的重要组成部分，我国农村的社会保障体系还存在着诸如覆盖面窄、资金缺乏、监管不力等问题。因此，应从以下方面着手建立健全农村社会保障体系：首先，应健全相关法律法规，确保农村居民基本权益得到保障。其次，要加大对农村社会保障制度的财政投入力度，扩大农村社会保障体系的覆盖面。突出重点，建立多层次的社会保障体系，完善农村医疗体系和农村养老保险制度，为农村居民解决生活上的一系列难题，使农村居民的物质生活得到保障，使他们无后顾之忧，从而激发农村居民的文化消费欲望。

（三）大力支持民办文化企业发展

政府财政涉及领域广泛，因此提供的公共文化服务远远不足以满足广大城乡居民的精神文化需求，这就要靠鼓励、支持民办文化产业发展来弥补，因此政府应该大力扶持民办文化企业。首先，政府应对民办文化企业予以政策和财政上的支持，鼓励民间资本流入文化产业，增加文化产品的供给，为城乡居民创造良好的文化消费环境。其次，政府应降低、消除市场准入壁垒，使民资可以顺利进入文化产业领域，以带动文化产业的大发展大繁荣。再次，政府应该对民办文化企业进行引导和监管，促使民办文化企业生产更高品质的文化产品，提供更高质量的文化服务；健全法律制度，为民营企业发展保驾护航。最后，民办文化企业的发展要依靠科技进步，调节和优化产业结构，不断进行文化创新。

（四）引导农村居民树立健康积极的消费观念

由于风俗习惯等因素，农村居民不得不进行大量人情消费。合理的人情消费是必要的，但这几年来人情消费已成为农民的负担，使农民原本用于正常消费的收入大大减少。因此，地方政府应该加强健康消费观念的宣传，提升农村居民的思想水平，提高农村居民的文化素养，引导农村居民正确健康地消费，抑制过度的人情消费。同时为各个不同的农村消费群体提供各不相同的文化产品。例如，为老年人开展具有传统文化和当地文化特色的文化活动，为妇女提供能陶冶其情操的手工艺培训，对儿童开展有利于其健康成长的知识科普活动，并为他们提供高质量的基础教育，从而引导农村居民进行更高品质的文化消费，从单纯的娱乐活动向有深远教育意义、有利于自身文化素质提高的文化消费活动转变。

新兴文化消费的成长

——基于新媒体发展的考察

吕怀涛　张馨月

一　新媒体的发展及其影响

（一）新媒体的界定

最近几年，在传播领域"新媒体"的迅猛发展是最引人瞩目的一个趋势，在智能的、移动的、即时的通信终端深度接入互联网平台的前提下，推特、微博、微信以及大量手机 App 应用层出不穷、风靡全球是这场媒体革命中最突出的表现。相对于报刊、户外、广播、电视四大传统意义上的媒体，有分析将新媒体形象地称为"第五媒体"，但实际上新媒体同四大传统媒体相比，无论在本质上还是形式上都存在革命性的不同，这在理论界对新媒体的定义过程中表现十分明显。

从新媒体的发展动因角度，联合国教科文组织对新媒体定义为"以数字技术为基础，以网络为载体进行信息传播的媒介"，而美国《连线》杂志则更倾向于从抽象新媒体的特有传播形式的角度对新媒体进行定义，即"所有人对所有人的传播"。从目前新媒体产业发展表现出的具体特征来看，有学者给出更具体和贴近现实的新媒体定义："新媒体是以数字信息技术为基础，以互动传播为特点、具有创新形态的媒体。"因此，可以说在全球范围内对于新媒体这一新生事物以及其迅猛的发展态势，无论是理论界还是实践者都仍然在认识过程之中，相应地，新媒体的定义也是一个在不断发展和更新的概念。

从文化消费研究的视角，我们认为对新媒体及其发展的理解适宜从两个层面进行把握。一方面，从广义上关注其依托新技术发展和应用的特征，既"新媒体是利用数字技术、网络技术，通过互联网、宽带局域网、无线通信网、卫星等渠道，以及电脑、手机、数字电视机等终端，向用户提供信息和娱乐服务的传播形态"；① 另一方面，从狭义上关注其强交互性的传播特征，既"新媒体是大众获取有用信息或者选择性接受信息的新型传播媒介"。正是这样两个明显的特征，促进了科技与文化的深入融合，使新媒体发展对文化消费形成前所未有的巨大冲击，带动网络文学、游戏、音乐、视频等新兴文化消费的蓬勃发展。因此，理解和把握新兴文化消费的发展特征与规律，必然需要从理解新媒体的发展入手。

从目前新媒体的发展情况和途径来看，新媒体主要涵括两大类

---

① 中国传媒大学文化产业研究院：《中国城市文化消费报告》，社会科学文献出版社，2010，第 201 页。

别。一类是传统媒体的数字化改造形成的新形态媒体，例如电子报、智能化和数字化的户外广告平台、网络播客、IPTV等，数字化技术应用使传统媒体的传播形式更丰富、传播效果更好；另一类是完全基于数字技术和互联网平台融合所提供的新机遇，实现交互性、及时性、海量化、个性化的传播形式，例如推特、微信、微博、自媒体等平台式服务应用，新技术与互联网发展的深度融合正促使媒体从"同心圆"传播形式向网络交互传播形式进行革命性的转变。因此，新媒体的发展对于文化消费的影响，不止于更加便利和丰富的供给，更创造了新内容、新类别、新形式的新兴文化消费需求。

（二）新媒体的特征

1. 碎片化

碎片化也可以说是"去中心化"。随着微时代的到来，由微博、微信、微视频这些拼凑起来的"微内容"展现了新媒体的一大新特征。这里所说的碎片化主要是指在消费者接触媒介的日常生活中的消费形态。互联网广泛普及、手机新媒体高速发展、网络文学和网络新闻内容不断出新，如此迅猛的发展势头使消费者的消费时间和习惯呈现更加碎片化的趋势。

2. 个性化

新媒体通常是个性化很强的传播媒介。以博客为例，作为一种开放性的新媒体应用，博客可供成千上万的网民使用，每个用户都有自定义的主页，每个主页的风格截然不同，类似的自媒体发展已成为新媒体发展的一个重要方向；再如微信平台上的公众号群落，每一个微信用户都根据自己特有的喜好关注不同的公众号，从而在同一平台上形成了千差万别的订阅信息。这些新媒体形式无疑迎合了现代大众愈加个性化的消费需求。

3. 互动性

新媒体的互动性特征正催生一场席卷全球的传媒革命，互联网的普及性应用和数字技术的不断迭新，为海量信息的同时、瞬时交互提供可能，这也促生了传媒方面实现点对点高度交互的可能。相对于传统媒体，新媒体突出了大众传播、人际传播等综合功能，体现了高度参与互动性。消费者既是信息提供者，也是信息的传播者，同时还能针对信息内容做出调整。

4. 即时性

新技术发展和应用，使大众对信息消费的即时性需求得到极大满足，如今人们已不能满足于每天从报纸上浏览前一天的新闻。新媒体在信息的处理上更加迅速，特别是在手机媒体和互联网通信上，打破了传统传播方式在时效、地域限制上的束缚，例如人们可以在任何时间通过手机发送消息，可以在互联网上看到前一分钟发生的重要事件，而新媒体的即时性特征甚至实现了全球性的覆盖。

5. 虚拟性

新媒体依托于数字技术和网络技术基础，是以计算机信息处理技术为核心，以互联网、卫星网络、移动通信等作为必要平台的媒介形态，因此新媒体上承载的内容具有虚拟性特征，人们直接消费的内容也通常是网络化和数字化的，因此新媒体主要为数字化、虚拟化的内容提供迅捷便利的传播渠道，并推动了传统消费内容的数字化和虚拟化，例如网络文学、电子报刊等。

6. 原创性

新媒体利用新技术和互联网融合产生的数字化优势，打破了传统传媒渠道的"宽度"限制，不仅使海量信息得以在同一时间瞬时传送和处理，也使信息搜索和筛选的更为便利。因此，新媒体对个性化、原创性、创新性的内容传播形成强烈推动，在"大热门"信息几乎沾满传统媒体的同时，新媒体的海量空间和灵活的传播形式，为个性化的各领域的亚类信息需求形成支撑，从而表现出较强的原创性特征。

（三）新媒体的发展和应用趋势

CNNIC 调查结果显示，如图 1，截止到 2010 年，中国的互联网用户总数约为 4.6 亿，而 2012 年该数字约为 5.6 亿，截止到 2014 年 12 月，中国互联网用户规模约为 6.49 亿。由此可见，互联网用户规模的发展十分迅猛，而这正是近几年新媒体发展突飞猛进的根本基础。目前，我国的新媒体发展正呈现四大态势：一是移动化，既智能手机等移动终端已成为人们接入互联网和使用新媒体的第一选择，结合即时通信和 GPS 定位等基础应用，移动化终端正大大拓展和充实新媒体应用的功能；二是微型化，即推特、微博等小型化微型化的内容传播正成为主流态势，这表示人们对新媒体应用的个性化、专业化需求，新媒体应用正向无数小而专业的细分领域渗透；三是平移化，既线下内容通过新媒体向线上平移的明显态势，如今通过移动终端浏览新闻，以及进行娱乐、消费和交流互动以在相当大程度上取代传统媒体的对应功能；四是大数据化，新媒体迅速发展和大量应用正使人们的日常消费和娱乐等行为信息数字化，形成海量可观测的痕迹数据，伴随大数据技术的发展，围绕大数据开发和应用已成为新媒体发展的"蓝海"。

在新媒体的具体应用发展情况方面，新媒体按照目前的应用渗透率排序（见表 1），主要有以下几种。

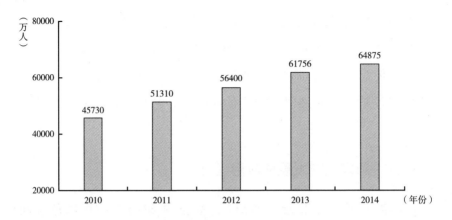

图 1 中国互联网用户规模

资料来源：根据《中国互联网络发展状况统计报告》整理而得。

表 1 2014 年中国互联网细分应用使用情况排行

单位：%，亿

应用	渗透率	使用率	用户规模
即时通信	90.5	90.60	5.88
网络视频	54.8	66.70	4.33
网络游戏	53.2	56.40	3.66
网络购物	36.0	55.70	3.61
网络文学	25.3	45.30	2.94

资料来源：根据《中国互联网络发展状况统计报告》整理而得。

1. 即时通信作为基础应用，仍占据新媒体应用的首要位置

截至 2014 年 12 月，我国即时通信用户规模为 5.88 亿，网民使用率为 90.6%。根据中国互联网细分应用渗透率排行显示，即时通信的渗透率为 90.5%，位居第一。

2. 网络视频和网络游戏已成为新媒体应用的主力军

2014 年，网络视频和网络游戏的应用渗透率分别为 54.8% 和

53.2%，使用率则分别达到66.7%和56.4%，而具体统计资料则显示，2014年我国网络视频用户规模已高达4.33亿人，网络游戏用户总规模已达到3.66亿人，二者已名副其实成为新媒体应用的主要内容。

3. 网络购物发展迅猛

截至2014年12月，我国网络购物用户规模达到3.61亿，增长率为19.7%。目前网络购物已成为与实体商店抗衡的竞争对手，网络购物的消费者的比例在2013年底为48.9%，2014年底这一数字已攀升至55.7%。

4. 网络文学在新媒体应用中独树一帜

截至2014年12月，我国网络文学用户规模达2.94亿，网络文学渗透率为25.3%，使用率为45.3%，已成为仅次于通信、视频、游戏和购物的新媒体应用方向。目前，这一形势已对传统纸媒文学消费形成巨大冲击，一方面传统出版社已逐步进入电子版权内容市场，另一方面原创网络文学平台的产业化已逐步走向规范化和市场化，越来越多的质优价廉的内容资源源自网络，例如网络小说、网络剧本创作已开始对传统文学创作领域形成不小的影响。

（四）新媒体对消费者需求和行为的影响

新媒体的发展基础源于新技术与互联网普及的深度融合，属于主动性的传媒形态创新。通常情况下，面对新媒体的发展和应用，消费者一些被市场甚至自己忽视的需求被唤醒，一些自身潜在的能力和冲动被激发，因此对消费者的影响不止于提供另一种平行的传媒渠道或者传媒形式，而更是在观念、内容、形式等诸多方面影响消费者的需求和行为。

1. 消费时间的碎片化

新媒体使消费者的消费时间更加"碎片化"。碎片化的消费让消费者不那么孤独，通过手机、微博等新型媒介，消费者可以进入一个虚拟的社会空间，在参与信息传播过程的同时获得心理上的支撑感和满足感。① 如今消费者迫切需要通过快餐式的新媒体了解世间百态，通过虚拟的网络建立起全球范围内的零距离联系，这些快速的、短暂的、虚拟的种种相互融合，使人们的消费需求发生了翻天覆地的变化。

消费时间的"碎片化"特征不仅在需求上影响着消费者，而且使消费者在文化消费行为上发生了改变。消费者可以在短暂的时间里读一个章节的网络小说、浏览一遍今日的新闻、看一段网络视频、听一会网络音乐和广播、玩一局手机游戏、翻翻微信、刷刷微博等。这些行为已经是普遍现象了，其引起的变化在新媒体出现之前是无法看到的。

2. 消费方式和内容的多样化

新媒体时代，大众消费者的消费方式出现了很大的变化。例如，根据《2013 年中国网络文学市场研究报告》，截至 2013 年底，网络文学用户依然以登录网站为主，占比 49.3%；但由于智能手机及相关新媒体应用的逐步普及，用户通过客户端在线阅读的比例已大幅提升至 46.5%。如图 2 显示的调查结果，目前用户登录网站阅读的比例仍大于使用客户端阅读的比例，表示部分消费者还保持着通过 PC进行阅读的习惯，但是这一态势正在扭转，基于移动 App 在线阅读的用户即将超过基于网页阅读的用户。

另外，消费者在阅读形式上从过去以购买书报、刊物为主，转变为以电子阅读为主，在消费内容上更是多种多样。互联网的发展一方面给阅读用户群体带来了便利，另一方面，也提供了更丰富的内容资源，例如关于旅游、电影、演唱会的攻略、评论等原创内容已在消费者的阅读内容上占据了相当的比重，而这些内容是传统媒体难以提供的。

---

① 章赓：《碎片化阅读的"轻"与"重"》，《北京日报》2010 年 10 月 20 日，第 10 版。

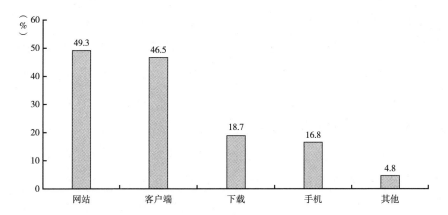

图2　2013年中国网络文学用户获取资源途径

资料来源：易观国际·易观智库。

3. 提供言论发表平台

在新媒体出现之前，大众消费者通过广播、电视和报纸被动地接受信息，如今消费者可以有更多的选择来获取信息，微博、微信的发展同时也加剧了这一趋势，媒体平台目前已成为大众消费者自主发表意见的主要渠道。

"去中心化"是新媒体的基本特征之一，网络空间给广大消费者提供了自愿平等发表评论的"新公共领域"。微博、微信朋友圈就是很好的体现，朋友之间相互评论、点赞已成为日常生活中的一部分，信息转载、资源分享也成为网友间交流的方式。根据调查显示，有43.8%的网民喜欢在网上评论，其中比较喜欢的占37.1%，非常喜欢的则占6.7%，说明网络空间日益成为大众消费者发表言论的重要平台。

4. "产消者"现象

在市场边界日渐模糊的同时，生产者和消费者的界限也变得模糊起来，当生产者和消费者合二为一成为"产消者"的时候，更多的消费需求被这种"产消者"的行为带动起来，这意味着消费需求得到满足的同时，消费者权利也在提升。随着消费者的主权意识和个性化需求不断高涨，消费者的社会性动机越来越强烈，同时消费者的能力与素质不断提高使得"产消者"作为新的生产主体出现。这种情况可以说是新兴文化产业链发展的结果，人们对消费生活质量的要求越来越高，促使消费者自发地生产出能够满足自我的文化消费产品，也在一定程度上加速了新兴文化产业链的改革。

技术上，新媒体的产生建立了开放的网络信息平台，新兴技术极大地降低了消费者的生产成本，用户不再只是被动地收取信息，消费者不仅可以选择性地获取信息，还可以使用更加便捷的工具将自己的创意转化成文化消费的内容。比如，网络文学的消费者既是读者又是作者，网络作家的生产能力是不容小觑的。这种将消费者和生产者身份有机结合的"产消者"现象，改变了消费者的消费行为和需求，为新兴文化消费内容注入一股新鲜血液。

5. 信息搜索快捷化

在新时代消费生活快节奏步伐的带动下，人们获取和筛选信息的方式正发生着改变。现在人们已经很少去图书馆翻阅书籍文献查找资料，越来越多的年轻人选择使用网络搜索引擎选取有用信息，而此用户规模已达到 5.22 亿，使用率为 80.5%，是除即时通信外使用率最高的互联网应用。作为基础应用，互联网搜索引擎用户规模随着网民规模的扩大而持续增加；同时，搜索引擎终端产品与服务的多元化发展也吸引着消费者积极使用。

二 新媒体上的文化消费

文化消费是消费者为了满足自己的精神文化生活而采取不同的方

式来消费精神文化产品和精神文化服务的行为。新兴文化消费则是伴随新媒体发展而出现的新领域，新媒体的快速发展使文化消费规模更大、需求更多、领域更广，有力地推动了文化消费在总量上的增长和结构上的转变。

（一）我国新兴文化消费背景

2014 年底，中国互联网用户总规模约为 6.49 亿，普及率为47.9%。从表 2、表 3 中可以看出，即时通信作为网民第一大上网应用，在高使用率水平的基础上继续攀升；微博、电子邮件等其他交流沟通类应用使用率持续走低；博客社交性退化，媒体功能凸显，使用率呈现回升态势。就全年增长率来看，2014 年互联网博客同比 2013年增长率为 24.2%，增长最快；电子商务类应用依然保持快速发展态势，其中手机旅行预订应用表现最为突出。其中，无论是互联网还是手机媒体，新闻、音乐、视频均高居文化产品消费排行榜前三位。以上三种文化产品互联网用户规模分别为 51894 万、47807 万和43298 万，手机用户规模分别是 41539 万、36642 万、31280 万。

表 2　2013～2014 年中国网民各类互联网应用的使用率

单位：万，%

项目 应用	2014 年		2013 年		全年增长
	用户规模	网络使用率	用户规模	网络使用率	
即时通信	58776	90.60	53215	86.20	10.50
搜索引擎	52223	80.50	48966	79.30	6.75
网络新闻	51894	80.00	49132	79.60	5.60
网络音乐	47807	73.30	45312	73.40	5.50
网络视频	43298	66.70	42820	69.30	1.10
网络游戏	36585	56.40	33803	54.70	8.20
网络文学	29385	45.30	27441	44.40	7.10

续表

项目 应用	2014 年		2013 年		全年增长
	用户规模	网络使用率	用户规模	网络使用率	
微博	25884	38.40	28078	45.50	-7.8
旅行预订	22173	34.20	18077	29.30	22.70
论坛/bbs	12908	19.90	12046	19.50	7.20

资料来源：根据《中国互联网络发展状况统计报告》整理而得。

表3　2013～2014 年中国网民各类手机互联网应用的使用率

单位：万，%

项目 应用	2014 年		2013 年		全年增长率
	用户规模	网络使用率	用户规模	网络使用率	
手机即时通信	50762	91.20	43079	86.10	17.80
手机搜索引擎	42914	77.10	36503	73.00	17.60
手机网络新闻	41539	74.60	36651	73.30	13.30
手机网络音乐	36642	65.80	29104	58.20	25.90
手机网络视频	31280	56.20	24669	49.30	26.80
手机网络游戏	24823	44.60	21535	43.10	15.30
手机网络文学	22626	40.60	20228	40.50	11.90
手机微博	17083	30.70	19645	39.30	-13.00
手机旅行预订	13422	24.10	4557	9.10	194.50
手机论坛/bbs	7571	13.60	5535	11.10	36.80

资料来源：根据《中国互联网络发展状况统计报告》整理而得。

（二）新兴文化消费现状

在新媒体发展中，新兴文化消费覆盖诸多领域。据不完全统计，目前比较热门的新兴文化消费内容超过 30 种，如数字电视、直播卫星电视、移动电视、IPTV、博客、数字视频、移动多媒体文化消费（手机游戏、手机电视、手机电台、手机报纸等）、网络电视、网络音乐、网络游戏、网络文学等，其中网络视频、网络文学、网络音乐、网络游戏成为主要新兴文化消费内容。

1. 网络视频

图 3 显示，网络视频用户总量持续、稳步增长，用户规模由 2008 年的 2.02 亿约增长至 2014 年的 4.33 亿，累计净增视频用户 2.31 亿，涨幅超过 1 倍，其中 2008～2013 年网络视频用户增长率均高于 14%，呈现高速增长态势，2013～2014 年增长率仅为 1%，增速明显放缓；此外，2008～2014 年年度网络视频使用率稳定在 62%～70%。

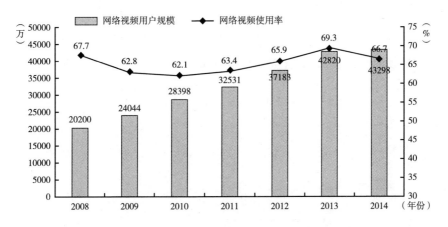

图 3　2008～2014 年中国网络视频用户规模及使用率

资料来源：根据《中国互联网络发展状况统计报告》整理而得。

在网络视频消费的结构方面，图 3 显示了消费者在不同终端观看各类网络视频内容的比例分布情况。其中，观看终端选取了台式/笔记本电脑、手机和平板电脑三种类型，比较前提假设是在内容体验效果方面，台式/笔记本电脑要明显强于手机，而在便利程度方面手机要明显强于台式/笔记本电脑，平板电脑则在两个指标上均处于中间位置；视频内容则包括了电影、电视剧、综艺、纪录片、动漫等目前国内网络视频的主要内容。

从横向比较来看，总体上电影、电视剧、综艺节目成为目前网络视频用户收看率较高的视频内容，而其他内容则占比较低，这表示目前在网络视频消费领域，由传统媒体渠道平移过来的消费内容仍然占据主流；从纵向比较来看，总体上台式/笔记本电脑、手机和平板电脑的使用比例依次降低，这表明在网络视频消费领域，消费者对体验性和便利性表现了明显偏好，有两极化的趋势，而体验性相对便利性还是消费者更为看重的指标。

值得注意的是，在搞笑视频和游戏两个视频消费内容上，手机终端呈现特异性的明显优势，这表明在新媒体应用移动化的趋势下，移动终端的网络视频消费娱乐化倾向明显，娱乐化内容也是移动化趋势下表现最活跃的新媒体消费内容（见图4）。

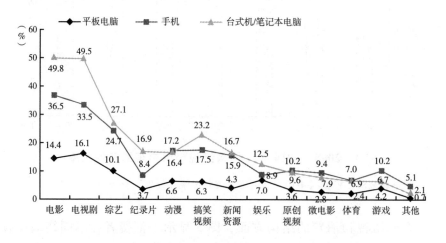

图4　2014年不同设备收看的视频内容差异占比情况

资料来源：根据《中国互联网络发展状况统计报告》整理而得。

从使用不同设备收看视频的场所来看，2014年底，家庭居所成为互联网用户收看网络视频最主要的场所，其中台式电脑收看比例最高，达到90.7％，平板电脑、手机的使用率也在80％左右，这表明家庭居所仍是人们休闲娱乐的活动场所，电视的功能随着互联网的发展也越来越多元化，不仅能收看有线电视，还可以链接无线网络收看网络视频，使"家里"的用户规模越来越庞大。位居其次的是无线上网的公共场所，也是收看网络视频的重要场所，尤其是使用移动设备收看的用户，手机端居于首位，收看比例达到43.3%（见图5）。

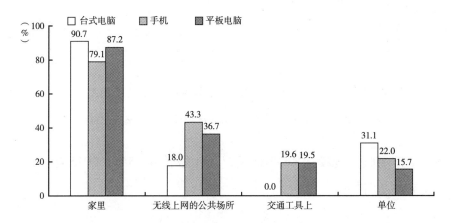

图5 2014年不同终端收看网络视频的场所占比情况

资料来源：根据《中国互联网络发展状况统计报告》整理而得。

2. 网络文学

截至2014年底，如图6所示，我国网络文学用户总规模约为2.94亿，比2013年净增长1944万，增长率为7.1%。另外，网络文学使用率为45.3%，较2013年末提升0.9个百分点。

网络文学目前正向PC、手机、平板电脑、电子阅读器、智能电视等多屏终端扩展；用户使用平台趋于多元化，包括Windows、Android、iOS等。用户对多屏同源、同步的阅读需求日趋增强。多数厂商针对用户日益变化的需求，纷纷推出阅读云服务，使用户可以用同一账户，在多终端、不同平台和网络中无缝切换。

根据Enfo Desk易观智库数据显示，如图7所示，2013年中国网

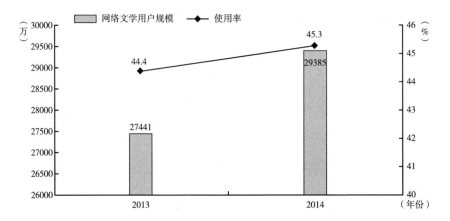

图 6　2013～2014 年网络文学用户规模及使用率

资料来源：根据《中国互联网络发展状况统计报告》整理而得。

络文学市场收入规模达 46.3 亿元，同比增长 66.5%。2015 年，市场规模突破 70 亿元。

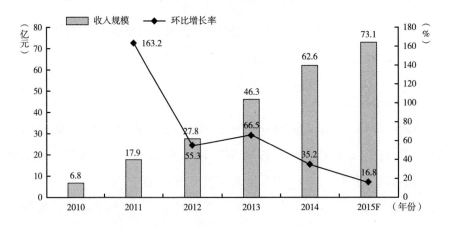

图 7　2010～2015 年中国网络文学市场收入规模

资料来源：易观国际·易观智库。

3. 网络音乐

随着新兴文化产业的兴起，网络音乐行业进入快速转型时期，网络音乐用户渗透率达到55.5%，成为即时通信之外渗透率最高的新兴文化消费应用。

据2014年第二季度移动音乐App用户情况（见图8）显示，酷狗音乐以17.0%的市场份额仍处于行业领先地位；酷我音乐以14.6%的市场份额位居第二；QQ音乐以14.2%的市场份额位居第三；天天动听近期市场推广活动频繁，本季度以14.1%市场份额位居第四；多米音乐以11.0%的市场份额紧随其后；百度音乐、虾米音乐分别占据5.3%和3.1%的市场份额。

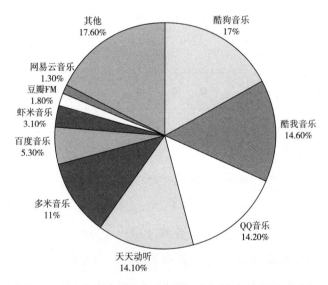

图8　2014年第二季度中国移动音乐市场竞争格局

资料来源：易观国际·易观智库。

网络音乐应用创新开发出K歌功能（见表4），移动K歌相对于传统的KTV歌厅更加便捷而且大大降低了消费成本，唱吧、全民K歌、移动练歌房、爱唱等移动K歌应用被越来越多的用户喜爱，尤其是有些K歌应用由于具备上传下载音频和社交点评互动的个性化功能而从传统的音乐消费内容中脱颖而出。

表 4　主流综合移动 K 歌平台

类别	内容来源		内容形式		社区	曲库	歌曲排行榜	线上KTV包房	K 歌页面形式	支持设备
	直播	录播	音频	视频						
唱吧	●	●	●	●	●	●	●	●	音乐 + 图片 + 字母	移动端
爱唱	●	●	●	●	●	●	●		MV 视频背景	移动端
天籁 K 歌	●	●	●	●	●	●	●		MV 视频背景	移动端、TV
K 歌达人		●	●		●	●	●	●	音乐 + 图片 + 字母	移动端
咪咕爱唱		●	●		●	●	●	●	MV 视频背景	移动端
全民 K 歌		●	●						音乐 + 图片 + 字母	移动端、PC
酷我 K 歌	●	●	●		●	●	●		背景 MV	移动端、PC

4. 网络游戏

2013 年，我国广义网络游戏市场收入规模达 841.8 亿元，同比增长 36.1%。其中，端游 551.4 亿元，同比增长 18.3%；页游 169.5 亿元，同比增长 73.0%；移动游戏 120.9 亿元，同比增长 122.8%。2014 年底，中国网络游戏用户总规模约为 3.66 亿，如图 9 所示，网络游戏使用率从 2013 年的 54.7% 升至 2014 年的 56.4%。2014 年底，手机网络游戏用户规模达到 2.48 亿，成为最核心的增长动力。

网络游戏主要分为客户端游戏、网页游戏、手机游戏、电视游戏等。如图 10 所示，手机和台式电脑在游戏设备使用中占比相对较高，而电视和平板电脑的使用率相对较低。目前市场上出现的一种虚拟体感游戏越来越受到大众的喜爱，它可能会促进家庭娱乐活动的兴起，进而提升电视设备在游戏中的使用比例。

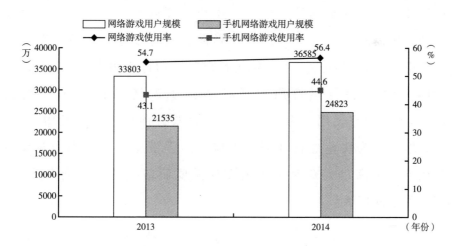

图9　2013~2014年网络游戏/手机网络游戏用户规模及使用率

资料来源：根据《中国互联网络发展状况统计报告》整理而得。

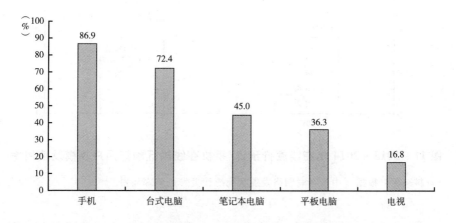

图10　网游用户游戏设备使用情况

资料来源：易观国际·易观智库。

5. 点评类文化消费内容呈爆发性增长

近年来，出现了一批针对传统文化消费内容的用户体验分享网站——具有经验共享属性点评类网络，因其为消费者提供参考性较高、真实准确的海量信息和用户点评内容，消费者对于点评类网站的需求越来越大。例如，影评、网游攻略、旅游攻略、网购评论、美食点评等。以手机旅行攻略及预订应用为例，如图 11，2014 年手机旅行预订用户规模达到 1.3 亿，比 2013 年增长194.5%，用户使用率为 24.1%，手机旅行预订进入爆发增长期，成为增长最为快速地移动商务类应用。手机旅行预订作为新媒体时代下为了满足大众对于休闲文化需要而新兴的手机商务应用，其发展空间巨大。

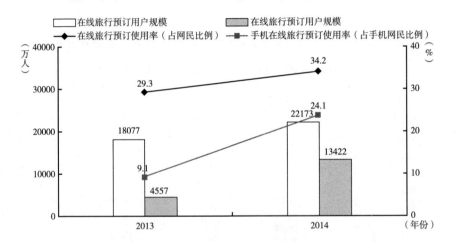

图 11　2013～2014 年在线旅行预订/手机在线旅行预订用户规模及使用率

资料来源：根据《中国互联网络发展状况统计报告》整理而得。

随着我国国民休闲体系的形成，大众的精神文化消费观念越来越强，在全国节假日来临之时居民纷纷选择外出旅游，形成全民旅游热。而新媒体在旅游业中的运用使网络逐渐成为消费者甄选旅游目的地、获取资源信息的重要平台，同时可提供旅游攻略和预订功能的应用软件也应运而生，对此类文化消费内容的丰富和成长起到极大的推动作用。

（三）新兴文化消费的特点

文化产品是人们日常文化活动的对象，由于受到文化素养、文化心理、价值观念、审美情趣、喜好等多种因素的影响，文化消费具有层级性，且随着消息传播的手段、媒体技术和文化产业的繁荣，文化消费领域得到极大扩展。更进一步观察，笔者总结出一些新兴文化消费的特点，主要表现在以下几个方面。

1. 新兴文化消费需求"长尾化"

在这个快节奏的时代，人们忽略需要更多精力和成本才能关注到的大多数人或事，我们将此现象用"长尾化"来表示，即以需求分布曲线描绘（见图12），往往只关注曲线的"头部"，而非"尾部"。但在这个网络时代，人们可能以很低的成本关注曲线的"尾部"，这一现象源于新兴文化消费成本的大大降低，这会使"尾部"带来的总体效益甚至会超过"头部"。笔者进而总结得出以下两个方面的新兴文化消费特征。

一是文化消费内容长尾化。随着新媒体的发展，文化消费产品的种类逐渐增多，消费者的选择范围更广，除了几个主要的应用板块外，一些位居尾端的新兴文化产品也备受消费者关注，除传统的文化消费内容外，一些娱乐性较强的短视频、笑话段子、小知识、原创音乐等文化消遣内容越来越被消费者追捧。由于消费者对新兴文化的需求不断增加，文化消费内容也呈现百花齐放的景象，形成新兴文化消费长尾化的趋势。

二是新兴文化产品利基市场化。新兴文化产品长尾化趋势催生了一些新而小的文化产业，这些文化产业有着狭小的产品市场，但地域市场很广阔，恰恰成为某些企业开发的利基产品。利基产品指该产品得到消费者的认同又表现出许多独特利益有别于其他产品。而利基市场就是企业选定的这些有独特利益的产品或服务领域被市场中的统治者或者有绝对优势的企业忽略的细分市场。

新兴文化产业正是由于它的"新"，才会涌现许多新兴文化产品或服务，所以有些企业看准了它的广阔发展空间，对新兴文化产品稍加改造就形成具有独家技术和绝对优势的利基产品，是其他竞争者无法轻易模仿和替代的，也是企业保持持续发展潜力的重要保障。

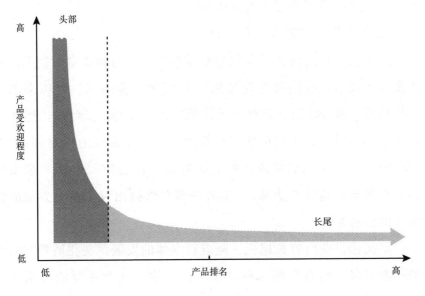

图 12　长尾理论

同时文化消费"产消者"和新兴文化提供者的地位越来越显著。在新兴文化产业市场上，可供消费的文化形式越来越多，而消费者在不同文化消费内容的选择上其消费偏好也不同。同时具备生产者和消费者身份的"产消者"角色在新兴文化消费形式的创新上发挥着越来越多的功能，比如近几年流行个性化和开放性的博客、微博、微信朋友圈为新兴文化消费需求提供了更加广阔的空间。而新兴文化消费内容的提供者更加偏向于专业化和全民化，目前新兴文化消费内容提供者主要有两种类型：一种是以内容为导向，倡导业余爱好者自主性以获取广泛的内容资源；另一种是以人才为导向，通过培养专业人才队伍，以获得更高质量的内容资源。

2. 新兴文化消费群体的特征

（1）消费群体年轻化

年轻人是主要的互联网使用群体。其中，24 岁及以下占 31%，25～30 岁占 29%，31～35 岁占 18%（见图 13）。这种年轻化趋势体现在新兴文化消费的各个领域，如网络文学、音乐、游戏、视频等。

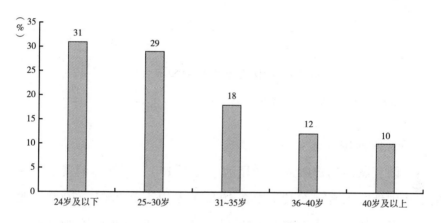

图 13　中国互联网用户年龄分布

资料来源：易观国际·易观智库。

（2）学历偏低

新兴文化消费群体的另一大特征是，消费者的低学历现象越发明显。根据研究数据显示，如图 14 所示，我国互联网网民学历分布：高中/中专占 33%，本科占 23%，大专占 20%。中国移动视频应用网民学历统计显示，高中/中专/职校/技校合计占 35%，中国移动新闻资讯类应用网民学历统计显示，高中/中专/职校/技校占 31%，中国移动音乐类应用网民学历统计显示，高中/中专/职校/技校占

35%。以上三项统计结果显示，高中/职校/中专/技校学历占比均在总人数的1/3左右，表明新兴文化消费群体的学历整体呈偏低趋势。

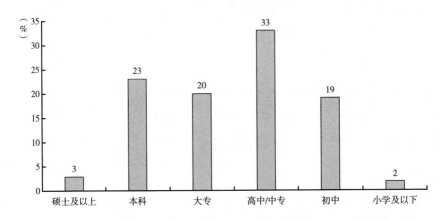

图14 中国互联网用户学历分布

资料来源：易观国际·易观智库。

（3）收入偏低

中国互联网用户收入统计显示（见图15），新媒体消费群体主要集中在中低收入者，尤其集中在1000元及以下和2001～3000元收入段的消费群体，这表明新媒体提供了成本更低的文化消费渠道和方式，使得低收入群体成为第一受益者，也从侧面表明目前我国的新媒体文化消费仍以价格为导向，呈现同传统媒体的内容资源上的竞争。考虑到低收入群体较高收入群体可能更少的闲暇时间，新媒体上的文化消费仍呈现快餐式的消费态势。

（4）群体习惯偏好

第一，互联网与各类移动终端改变了人们的日常生活方式，同样使新媒体时代下消费者的习惯随着与新媒体接触时间的长短而得以显现。传统的看电视、出行、逛街、旅游等行为已渐渐被来自互联网以及移动终端的电子邮件、短信息、论坛、微博、网络视频、在线交易

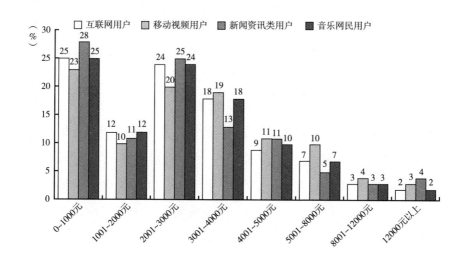

图15 中国互联网各类应用用户收入分布

资料来源：易观国际·易观智库。

等新兴文化消费方式所取代，成为消费者生活的主要方式。

第二，消费者消费自主性的提高。根据中国互联网络信息中心历次的数据调查显示：以互联网所带来的便利的搜索、服务等信息为根本，消费者在整个购买决策过程中，可以获取更为详细的信息，并以这些信息为依据，更加合理地进行消费。

第三，新媒体的普遍使用引发了消费者对新兴文化消费内容的依赖心理。新媒体为消费者在日常生活中带来越来越多的便利，调查发现许多消费者已离不开网络，而这些人对新兴文化消费内容的依赖程度尤其高，比如网络游戏、网络音乐和网络文学，尤其是文化品网购，几乎成为"宅一族"的生命需要，在消费者生活中占据越来越重要的地位。这些消费内容不仅使消费者改变了其消费习惯，而且正在全方位地介入其生活。

3. 消费平台的创新性

新兴文化产品在原有传统消费平台的基础上，结合传统媒体优势开发出独具特色的消费平台，比如种类繁多的手机 App 应用和社区化的网络论坛，这些呈爆发式增长的消费平台因其创新性吸引了广大消费人群。

（1）平台"一站式"服务格局日渐成熟

新媒体时代，互联网成为信息集散中心，互联网新闻传播已成为 21 世纪最为重要的信息传送虚拟化平台，新浪、腾讯、搜狐等门户网站控制着庞大的消费群体，其开放水平高、互动性强的特性满足了用户差异化、多样化的消费需求，其功能强大、丰富的应用程序使新媒体迅速成为"一站式"服务新格局的领头羊。

（2）新兴消费平台"黏性"绑定用户

论坛、贴吧、微博、博客、微信朋友圈等交友互动性很强的网络平台，给予用户较大的话语权，从而在一定程度上满足了网民的表达欲望，刺激其持续关注平台动态。另外，网游平台的蓬勃发展吸引了越来越多的用户玩家，据 CNNIC 研究报告显示，PC 网游游龄在三年以上的老用户占到 50.6%，半年及以内的用户占 7.3%。近几年是手机游戏发展的高峰期，49.7% 的手机游戏用户都是 2 年以内的新用户，反映了手机游戏在最近几年内的爆发式增长。自由创建游戏角色、虚拟价值分享、游戏商店和植入社区交流平台等丰富功能增加了用户的活跃度，使玩家对网游平台的依赖程度越来越高，说明网络平台的"黏性"越来越强。

（3）"网购"平台改变了面对面交易的柜台商业模式

随着普遍化、全球化、移动化的网络购物市场的发展，截至 2014 年 12 月，我国网络购物用户规模达到 3.61 亿，年增长率为 19.7%；就使用情况而言，我国互联网用户网络购物的消费比例从 48.9% 提升至 55.7%。其中，手机购物发展更为迅猛，CNNIC 研究报告显示，2014 年我国使用手机购物的用户规模达到 2.36 亿，增长率为 63.5%，是网络购物市场整体用户增长率的 3.2 倍。另一网购种类——团购也备受关注，历经四年的快速进化，截至 2014 年底，我国团购市场形成较为稳定的格局，团购用户规模达到 1.73 亿，团购市场品牌主要有美团网、聚划算、大众点评、糯米网及 58 团购，其中美团网作为 2014 年领跑者，其消费用户在电影票、KTV 等文化产品消费方面占据了巨大的份额。蓬勃发展的网购在一定程度上替代了实体店的面对面柜台交易，并且重塑了线下商业模式，进一步推动了移动化网购模式的发展趋势。

4. 新兴文化消费的盈利模式特征

（1）用户付费意愿提高，付费方式多元化趋势明显

随着政府对版权保护的加强，以及用户付费意识的提高，付费用户逐渐增多，网络文学的支付环节也将成为厂商关注的焦点。而随着移动支付产业的发展，用户的付费形式也向多元化发展：网银支付、第三方支付等方式的占比将进一步提高，而通过运营商通道付费的比例将降低。

以网络文学为例，如图 16 所示，在中国版权保护环境仍有待改善的今天，根据付费意愿调查所指出的：在付费意愿明显提升至28.9% 的用户中实际付费的比例仍不足 10%。但用户可接受的包月付款额度则有所提升，在图 17 中，尤其是较高额度的月付费用户占比有不同程度的提升。3~10 元是用户最可接受的付费额度，占比接近 50%。

目前网络游戏也普遍出现用户付费的现象，其主要原因有以下几个方面：第一，网站的试玩策略，首先游戏网站为消费者提供免费试玩的机会，以吸引消费者的注意力，当消费者游戏热情被充分调动起来后，再实施收费策略，游戏热情高涨的消费者难以拒绝，进而成为网络游戏的付费用户。第二，消费者在游戏过程中容易产生攀比心理，

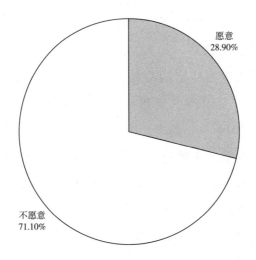

图16　中国网络文学付费意愿

资料来源：易观国际·易观智库。

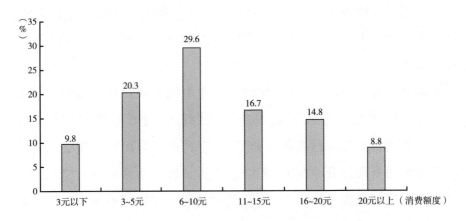

图17　中国网络文学用户可接受阅读月消费额度

资料来源：易观国际·易观智库。

联网类、排名类游戏的规则大多数是以战绩高低决定排名先后，为提高游戏内战绩及个人排名，消费者往往会掷重金购买装备，网络游戏开发商因此获利。由此可见，人们的消费观会随着技术的发展、追求生活品质的提高而发生变化，因此新兴文化消费的付费意愿呈增长态势。

（2）广告价值日益凸显

此类盈利模式是通过应用、内容内插入图片、文字、链接等形式的广告进行宣传，目前广告模式仅在 PC 端的阅读服务中比较成熟。而基于手机等移动终端的广告效果不佳，主要原因包括：首先，屏幕尺寸限制致使展示效果不佳；其次，移动数据网络建设较为落后，3G 普及率低、网络不稳定、资费较高导致广告的用户体验差，容易造成用户反感。因此，传统的广告模式在移动互联网应用中，难以产生更高的价值。但基于移动终端的网络文学又是未来的发展趋势，因此在移动终端上的广告模式还需不断地探索与创新，其广告价值也将日益凸显。

（3）"拇指点击"带来的流量经济

拇指时代的到来，推动了微博、微信等微应用的兴起，因此带来了流量经济，用户动一下手指点击分享或转发，其内容就会被更多的消费者看到，信息循环往复商家便拥有了庞大的用户人群。各个商家抓住这一特点，通过线上、线下的营销手段，在网络公众平台上积累用户，并引导用户进行内容消费。点击产生流量越大，对消费者的影响力越大，原先在文化消费上商家赚的是直接利润，现在转而通过流量经济融资获取更高的利润。虽然商家从消费者手中得到的利润较少，但在融资平台上商家利用庞大的顾客规模通过上市、并购获得的利润远比从顾客一方赚取的利润要多。也就是说，商家不直接从顾客身上获取利润，而是将顾客规模量化，通过"圈人"的方式获得一定影响力，人数越多影响力越大，商家与第三方无论是谈判还是融资所掌握的筹码也越多，从中获取的收益也就越大。这种流量经济不仅为消费者带来免费、丰富的文化消费渠道，而且为提供商带来庞大的融资收益。

（4）虚拟货币为流量经济带来导入途径

在过去，商家通常采用一成不变的刺激需求的营销手段，而消费者也处在各种商品信息及宣传信息中稀里糊涂地进行购买，从而使企业获利。而如今新媒体时代，行业频道、点评类网站、专业博客的出现，使企业开发出新型盈利模式。比如微博、空间用户通过在线虚拟交易或付费享受更高级别的产品服务，网络游戏玩家使用虚拟货币交易或购买装备等。

相比实体货币，虚拟货币以网络为平台，在提供者和用户之间流通，打破了实体货币的交换界限，其获取方式也更加便捷，用户可通过购买点卡或网银充值，同时一些应用上的虚拟货币还可以兑换实际商品、网络服务等。以网络游戏为例，如果直接收费，顾客不会直接购买，商家采用先赠送后收费的方式，一开始免费赠送虚拟货币，将用户带入游戏，消费者免费体验游戏过程中便会自动使用虚拟货币，一旦网络游戏玩家形成这种偏好，就会产生依赖，甚至会上瘾。当商家最初赠送的虚拟货币无法满足用户消费的需求时，网游玩家便自掏腰包购买点卡充值虚拟货币，商家最终获取实际的货币收入。网络游戏提供商用虚拟货币代替实际货币在一定程度上淡化消费者对钱的概念，从一开始实行免费体验游戏引导用户对其产生依赖，到"黏性消费"使其自愿付费购买游戏币，虚拟货币消费到实现流量经济再到取得实际收益的整个过程实现了"先免费后付费"的盈利模式。

三　新兴文化消费的产业链形成
——以网络文学产业为例

新兴文化消费产业链关系一种或几种市场资源，它们通过若干个新兴文化产业支点向下游产业转移直到到达消费者手里，而新兴文化产业链中的各个支点都能将我们引导到值得我们探索研究的领域。现以网络文学消费产业链为例，进一步分析新兴文化消费产业链的构成。

（一）网络文学消费产业链

从中国网络文学整体市场分析，网络文学的产业链参与者众多，如内容出版方、原创作者、版权代理商、网络文学内容提供商、互联网服务提供商、电商平台、支付平台提供商、电信运营商、SP、终端厂商、用户等，每个参与者在网络文学的产业链中承担着不同的职责。现根据目前网络文学消费中的各个环节整理出一条较为完整的网络文学消费产业链（见图18）。

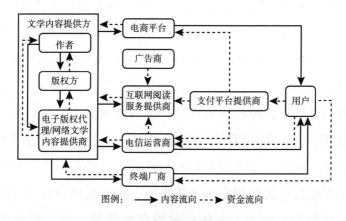

图18 中国网络文学产业链

资料来源：易观国际·易观智库。

1. 资源版权方是网络文学产业链的核心

内容是网络文学的关键资源，对网络文学产业链健康有序发展起到关键作用。在中国网络文学产业链中，内容集成而整合了出版方、个人原创的作品等。在市场中，多数网络文学网站也是数字版权代理，凭借其内容的生产能力以及内容整合能力，在产业链中处于核心地位。

2. 电信运营商是产业链最大的获利方

目前整体网络文学市场中，电信运营商的阅读基地业务是最大的收入口，占据整体市场收入规模的七成以上。中国电信运营商拥有相对庞大的用户群、富裕的资金、成熟的付费渠道，以及对手机应用推广渠道强大的掌控权，这些优势有助于中国电信运营商成为网络文学产业链的领导者。

3. 互联网阅读服务提供商是最接近用户的产业链环节

互联网阅读服务提供商在与内容提供商合作的基础上，为用户提供阅读及相关服务，并与内容提供商进行利润分成。互联网阅读服务提供商的收入主要来自用户对内容的消费，大部分用户通过运营商渠道进行付费，另外还包括通过第三方支付、点卡充值等方式进行付费，受盗版内容以及用户免费使用习惯的影响，互联网阅读服务提供商对用户需求的把握更为准确，能快速地做出相应反应以及战略调整。

4. 电商平台

电商平台以销售传统出版物的电子版书籍为主。目前此类厂商主要有淘宝电子书、京东商城、亚马逊中国、当当等。在海外网络文学的产业链中，电商平台有较好的版权环境以及普遍的用户付费习惯作为基础。而在目前的中国网络文学市场，由于电商平台主要销售的是传统出版社的版权内容，而传统出版行业资源分散、互联网化程度低，为市场提供的数字版权内容数量及质量均偏低，因此电商平台的模式并未获得如美国亚马逊那样的发展规模。未来较长的时间内电商平台都不会成为中国网络文学产业的主流渠道。

5. 支付提供商

随着用户支付意识逐渐增强，政府加大对版权的保护力度，付费用户逐渐增多，网络文学领域的支付环节也成为厂商关注的焦点。现在主流的支付方式有：网银支付、第三方支付、电信运营商渠道支付以及虚拟货币支付等，以电信运营商渠道为主，但是未来可能将逐渐向第三方偏移。

2013 年，中国网络文学产业处于高速发展期，在这个阶段中，用户付费的商业模式形成，在此商业模式的支撑下，市场稳定增长，市场进入门槛高，主要参与厂商掌握核心资源。但是产业尚未形成大规模的盈利，需要通过客户源的积累以及市场容量的不断扩充，从而形成规模效应，促进整个产业链各个环节走向大规模的获利状态。

6. 中国网络文学的发展趋势

网络文学的发展趋势主要有以下特点：第一，产业向合作、开放、融合、共赢发展。第二，多屏全网跨平台趋势明显。第三，中国网络文学市场由以渠道为主向以内容为主过渡。第四，全产业链、全媒体运营趋势以版权资源为重点。第五，用户付费意愿提高，付费方式多元化。第六，高端阅读市场逐步开放。

2013 年 12 月 17 日，17K 小说网与创世中文网在京举行战略签约仪式，双方在版权合作与开发、作者及编辑培养、版权保护等方面达成战略合作。本次两大网络文学原创的强强联手，将为行业发展注入新的活力，带来更大的想象空间。之前网络文学产业的合作多是产业链上下游的合作，而 17K 小说网与创世中文网合作，开创了友商合作的先河，市场产业者除了竞争关系之外，以更加开放的心态促使产业健康发展，共同将网络文学市场的蛋糕做大。

（二）新媒体文化消费产业链的形成——以网络文学为例

新媒体文化消费产业链的形成是由新媒体和文化消费产业共同促进的，随着大众文化消费水平不断提高，在新媒体带动下的新兴文化消费模式也应运而生，而新媒体这一新鲜活力，使文化消费及其产业结构的发展空间更加广阔，发展步伐更加迅速。

1. 文化产品内容提供方

针对新媒体文化消费的不同类别对应提供方分以下三大类：第一类是网络编辑，网络编辑是指一类人或一个团体专门从事编辑撰写的工作，具有较高的专业性、文化素养和商业性。主要提供的是网络文学、网络音乐、网络学习、电台广播、网络报刊、新闻，通过版权及点击率来获取利润。第二类是开发商，提供的产品是网络游戏，这类提供方的特点是需要大量的技术研发、软件编程形成一套完整的运行体系，它的主要盈利来源是广告赞助、用户推广使用率以及付费项目的收益。第三类是消费者本身，主要有网络文学、网络视频、网络音乐、博客。与第一类提供方——网络编辑不同的是，消费者本身就是消费文化产品的人，而且提供的内容一般是免费的，极少部分人靠点击率和版权费获取收益。在新媒体时代下，互联网开放性和互动性的特点使人们在互联网上的参与度和话语权日益增强，因此消费者可以在网站上建立个人账户发表文章、上传个性视频音乐等，这些活动具有无偿性和娱乐性的特点。

2. 新媒体服务提供商

新媒体文化消费需要一定的媒介或者客户端，而这些消费渠道就是新媒体文化消费服务的提供商，根据客户端不同分为以下三类：第一类是互联网服务提供商，互联网主要提供用户网站平台，通过微博、WAP，手机客户端用户可以有选择性地阅读报刊、新闻、网络文学及观看电影、视频。其主要盈利方式是购买版权再向用户收费，主要目的是迅速扩大用户规模，形成规模效应后再考虑盈利问题。第二类是电信运营商，目前越来越多的手机用户开通了4G业务，它的特点是通信速度快、智能性更高、提供多种增值服务、通信费用更低廉，较3G上网速度快，网络频谱更宽，从而产生了更多的流量，因此电信运营商主要是通过流量包和SP制定电信业务收费产生盈利。

第三类是电子商务网站。随着O2O（利用互联网线下商品或服务与线上产品相结合，生成线上订单，线下完成商品或服务的支付）市场的不断发展，电子商务网站成为消费者不出家门就能买到商品的主要服务渠道，其盈利方式是通过提供交易平台收取中介费、网店管理服务费或者是销售自营产品获得利润。

3. 硬件提供商

硬件提供商主要是提供视频软件、手机学习类应用软件及手机游戏应用等，盈利点是研发软件版权、客户使用量、付费项目。

4. 新媒体文化产业的消费者

消费者在数字信息时代的日常生活已经与整个文化产业链密不可分了，新媒体时代，任何消费者都可能是间接的生产者。笔者在前文已说过"产消者"这一消费者的新形态，"产消者"已不再仅仅是文化产业发展初期的"非常态"了，现如今，消费者在自身的文化需求得以满足后，又会以此为基础利用新兴技术将自身的所得投入文化生产，不断创造出新的文化消费内容。目前，"产消者"在新兴文化产业中发挥着越来越大的作用，可以说，"产消者"的出现使新兴文化消费不再单一，其角色的转型使整个文化产业链更加富有层次，也推动了新兴文化产业的创新升级。

四　新兴文化消费的挑战与机遇

（一）新兴文化消费的挑战

1. 新兴文化产业管理制度发展滞后

随着新兴文化产业的迅速发展，原先以政府为主导的传统管理制度已经远远落后，而目前政府与地方、政府各部门之间分权制衡、联合管理的模式也存在种种局限。随着新兴媒体的出现，新兴文化产业也蓬勃发展，网络文学、动漫、微博、网游等新兴文化消费内容不断发生改变创新，政府对文化消费领域的管理范围扩大，越来越多的新兴文化产品取代了传统文化产品，其所涉及的行业领域也在发生变化，但政府各部门的管理权限并没有迅速地发生相应转变，造成相同的文化消费内容由两个或多个部门共同管理审核，从而导致重复审批甚至管理条例相矛盾的恶性结果。

2. 相关法律法规体系不健全

我国目前关于文化的法律法规主要是针对电影行业、报刊书籍印刷出版业、互联网等传统文化管理条例，最新的文化管理办法也只涵盖了部分新兴文化消费内容的规制。虽然我国互联网的管理条例在数量上已达到一定的规模，但其缺乏完整性、系统性和时效性。由于缺乏对不同领域融合的理解，有关部门在面对跨媒介、跨行业、多对象、动态变化的新兴文化产业管理的挑战时显得力不从心。[①]

3. 不公平竞争和行政性垄断

虽然在新媒体的推动下新兴文化产业迅速发展，但是目前仍是传统文化产业集团占据主导地位，这种现状会在一定程度上阻碍新兴文化产业的发展，导致垄断和不公平竞争现象的出现。我国目前是市场经济体制，原先的计划经济已经不再适用于现在的发展阶段，传统文化巨头行业对市场过多的干预会影响市场资源配置导致市场失灵，使新兴文化产业丧失创新积极性，最终会被市场全球化淘汰。

---

① 谢永江，纪凡凯：《论我国互联网管理立法的完善》，《国家行政学院学报》2010 年第 5 期，第 96 ~ 100 页。

4. 欠缺有效的盈利模式

我国新兴文化消费现有盈利模式主要分为直接模式和间接模式。直接模式是以用户付费、广告投放的形式快速获取盈利，而间接模式是先通过用户点击量、用户推广积累消费群体再通过直接模式缓慢获得回报。这两种方式都存在一定的缺陷，直接模式会使消费者对盈利的一些手段产生反感，而间接模式的用户积累阶段会耗费开发商很长的时间，不能达到快速融资的效果，因此新兴文化产业盈利模式的发展空间还存在一定的局限性。

5. 新兴文化消费者维权制度有待完善

在新兴文化产业股管理制度发展滞后的同时，对消费者权益的保障制度也存在着一定的缺失。近年来，互联网用户个人信息泄露并被不法分子利用损害消费者的权益等现象越来越普遍，消费者维权的过程也变得艰难起来。管理制度不够完善、新媒体虚拟性的特征使侦查更难以进行、诉讼成本高，从而导致消费者的权益很难得到充分的保障。

（二）新兴文化消费的机遇

1. 全球化趋势下新兴文化发展迅速

全球化的发展打破了传统媒体在全世界传播的界限和障碍，全球化的发展也带来了文化全球化，即世界上的一切文化以各种形式在全球传播，而在"融合"和"互异"的共同作用下，新兴文化产品在全球范围内的流动，加速了文化消费。

2. 我国政策大力支持新兴文化产业

文化传媒行业 2014 年投资策略报告提出：政策赋予传统媒体新活力，新媒体内生增长延续。2010 年，中宣部与广电总局、中国人民银行等九个部门联合颁布了《关于金融支持文化产业振兴和发展繁荣的指导意见》，内容涉及金融领域内主要业务，对文化产业大力支持并全面推动金融与文化相互发展。2013 年 11 月，党的十八届三中全会公布的《中共中央关于全面深化改革若干重大问题的决定》提出：今后文化产业有望呈现两大趋势，一是体制内企业的改制和证券化、资本化进一步加速，其中会产生大量的整合并购机遇；二是大文化企业的长期发展机遇。

3. 技术进步推动消费需求

新媒体和技术的结合，是发展新兴文化产业的重要力量，也是推动新兴文化消费需求的内在动力。目前云计算的普遍应用为数据提供了大量的储存空间，也改变着新兴文化消费的需求行为，现在移动终端已实现"一号多屏"，即用户一个账号可以在多个移动终端登录并且共享账号内的所有信息资源。假设一个消费者喜欢听歌，就在电脑上安装了一个音乐软件，里面收藏了上千首歌曲，可是他要想在路上听甚至任何时候想听就听，就必须在电脑上全部下载后再存到 Mp3 或者手机里，显而易见这是十年前我们都曾亲身经历的事情。但是云计算新媒体技术的发展改变了这一消费方式，同时刺激了多渠道的消费需求。实现了消费者在一个手机上收藏音乐，在其他客户端不用下载就能听到收藏的音乐。

4. 借助三网融合契机推进新媒体文化发展

三网融合是指电信网、广播电视网和互联网三网共同发展，国务院于 2010 年 1 月通过了三网融合的总体方案，推动三网融合进入新的发展阶段，方案提出，到 2015 年力争所有城市基本媒体设施实现数字化，并加速建立一个完善的电视广播网，进一步加大开展网络业务的支持力度。

5. 经济新常态下新兴文化消费的转型期

改革开放三十多年，我国经济从过去的高速发展逐渐趋于平缓的新常态，我国经济的增长方式和发展方向也在发生转变。同时消费需求结构正在发生积极变化，拉动中国经济的"三驾马车"中，出口增速出现换挡，投资增速继续高位放缓，而消费对经济增长的拉动作用正在增强。2014 年前三季度，最终消费支出对经济增长的贡献率为48.5%，比投资贡献率高 7 个百分点，消费无疑已经成为推动经济增长的最大动力。随着经济新常态的出现，我国文化消费趋势从过去的"模仿型排浪式"逐渐过渡到个性化、多样化的新阶段，呈现更多的新特征。

新兴文化消费内容的多样性和个性化的特性使消费者的需求得到满足，新兴文化产品数量迅速增加，雷同式、排浪式的消费形式逐渐被多层次和多样化的消费形式取代。消费者的消费观念和消费方式的创新升级为新兴文化消费的转型创造了良好的条件。消费观念的变化，使居民的消费从追求标准样式、大众化、单一式向现在的追求个性化、时尚化、多元化转变。消费观念的转变及技术进步，使新兴文化消费内容多样百态。网络音乐、网络视频、网络游戏、电子书、新闻门户网站等已成为文化消费的新潮流。在经济新常态的带领下，新兴文化消费转型的步伐终究会迈向一个新高度。

典型国家文化消费发展现状

周学仁 李文钰 赵 平

一 美国文化消费现状

2013 年，美国个人文化消费支出为 10060 亿美元，占消费支出总额的 8.8%（见表 1）。2009～2013 年，美国个人消费支出一直保持增长态势，年平均增长率约 4%。同时，文化消费也保持着相似的增速，所以美国文化消费占消费支出总额的比重一直稳定在 8.7% 左右。美国将文化消费分为 8 个部分，分别是视听设备、电脑及服务，运动休闲用品及服务，会员俱乐部、体育中心、公园、剧院和博物馆，杂志、报纸、书籍和文具，博彩业，宠物、宠物用品及服务，摄影用品及服务，旅行费。

表1 美国个人文化消费支出

单位：亿美元，%

消费支出领域	2009 年	2010 年	2011 年	2012 年	2013 年
消费支出总额	98470	102022	106893	110831	114843
文化消费支出	8618	8883	9228	9642	10060
文化消费占比	8.8	8.7	8.6	8.7	8.8
视听设备、电脑及服务	2648	2764	2831	2932	3056
视频音频设备	995	995	1017	1032	1059
信息处理设备	812	903	919	96	1002
相关服务	841	866	894	941	995
运动休闲用品及服务	1726	1742	1815	1926	2013
运动休闲器械	370	356	370	407	437
其他运动休闲物品	1314	1342	1399	1474	1527
运动休闲器械的维修	42	44	45	46	48
会员俱乐部、体育中心、公园、剧院和博物馆	1379	1418	1484	1550	1609
会员俱乐部和体育中心	391	395	406	424	439
娱乐公园、营地和相关休闲娱乐服务	372	388	413	444	465
娱乐活动入场费	555	573	601	619	638
电影院	115	118	115	123	128
现场娱乐活动（不包括体育）	252	263	283	284	287
观赏体育	188	192	204	212	223
博物馆和图书馆	61	61	64	63	67
杂志、报纸、书籍和文具	846	899	952	997	1066
博彩业	1050	1056	1099	1136	1177
宠物、宠物用品及服务	733	759	796	84	875
摄影用品及服务	153	154	158	161	163
旅行费	83	91	94	99	101

注：旅行费由旅游经营者和旅行社的利润构成，旅行中的行程和膳宿的支出包含在其他个人消费支出类别中。

资料来源：美国经济分析局。

从人均量来看，2009～2013 年美国人均 GDP 和人均文化消费保持着几乎同步的增长趋势（见图 1）。人均 GDP 由 4.7 万美元增长到 5.3 万美元，人均文化消费由 2809 美元增长到近 3200 美元。

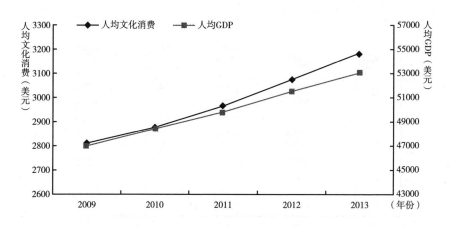

图 1　美国人均文化消费与人均 GDP

资料来源：美国人均文化消费数据是由美国个人文化消费总额除以美国当年人口数量计算而得；人均 GDP 数据来自于世界银行。

从文化消费绝对量的角度来看，2009～2013 年，美国个人文化消费总量持续增长，从 8618 亿美元增长至 10060 亿美元，年均增长率约为 3.94%。从文化消费相对量的角度来看，同期美国个人文化消费占比波动不大，稳定在消费支出的 8.7% 左右。

从文化消费结构的角度来看，2013 年，视听设备、电脑及服务消费占比最大，超过 30%（见图 2），2009～2013 年年均增长率约为 3.6%；其次是运动休闲商品及服务消费，占比在 20% 左右，2009～2013 年年均增长率约为 3.9%；再次是会员俱乐部、体育中心、公园、剧院和博物馆的消费，占比在 16% 左右，2009～2013 年年均增长率约为 3.9%。值得注意的是，从 2010 年开始，美国人对于杂志、报纸、书籍和文具的消费处在较低的水平，甚至不及对博彩业的消费。但是，杂志、报纸、书籍和文具消费的年均增长率近6%，是文化消费中增长最快的部分。

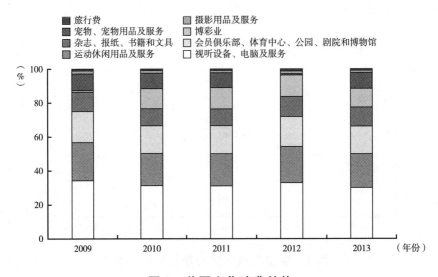

图2　美国文化消费结构

二　英国文化消费现状

2013 年，英国家庭文化消费支出为 1079.5 亿英镑，占总体消费支出的 10.2%（见表2）。2009～2013 年，英国家庭消费支出持续增长，年均增长率约4%，但文化消费支出的增长明显疲软，年均增长率仅约为 1.6%。这导致其文化消费的占比连续下降，从 2009 年的 11.2% 下降至 2013 年的 10.2%，下降了 1 个百分点。英国将文化消费分为 5 大部分，分别是视听、图像和信息处理，其他主要文化与休闲娱乐耐用品，其他休闲娱乐项目、设备、公园和宠物，文化与休闲娱乐服务，报纸、书籍和文具。

表2 英国家庭文化消费支出

单位：百万英镑，%

消费支出领域	2009年	2010年	2011年	2012年	2013年
消费支出总额	908137	953264	985843	1022159	1059685
文化消费支出	101295	102152	102391	105091	107951
文化消费占比	11.2	10.7	10.4	10.3	10.2
视听、图像和信息处理	20747	20520	19838	20660	20238
视听和录音设备	5576	5754	4731	4959	4835
摄影等设备	3948	3538	3416	2705	2636
信息处理设备	6321	6701	7589	8539	8302
记录媒体	4702	4330	3943	4356	4364
视听等设备的维修	200	197	159	101	101
其他主要文化与休闲娱乐耐用品	7371	7713	7243	7684	8628
主要户外休闲耐用品	7085	7466	6892	7283	8154
乐器和主要室内休闲耐用品	209	149	249	278	324
休闲耐用品的维护与维修	77	98	102	123	150
其他休闲娱乐项目、设备、公园和宠物	29157	30087	28624	28887	30695
游戏、玩具和兴趣爱好	17383	17426	16422	16454	18219
运动与露营装备和露天娱乐项目	2604	2964	2925	2840	3092
公园、植物和鲜花	3629	3597	3584	3395	3126
宠物及宠物用品	2918	3156	2946	3211	3503
兽医和其他宠物服务	2623	2944	2747	2987	2755
文化与休闲娱乐服务	32316	32382	35077	36370	37091
休闲与体育服务	5916	5997	6398	7335	6712
文化服务	17691	17901	19605	19662	20036
投机游戏	8709	8484	9074	9373	10343
报纸、书籍和文具	11704	11450	11609	11490	11299
书籍	3101	3095	3045	3044	2955
报纸	4215	4268	4157	3997	3948
其他印刷物	1643	1388	1643	1667	1475
文具和绘画材料	2745	2699	2764	2782	2921

资料来源：英国统计局。

2009～2013年，英国家庭平均人数保持在2.3～2.4人。在此期间，英国人均GDP保持在3.7万～4.2万美元的区间内，家庭平均文化消费在4700～5400美元的区间内波动（见图3）。

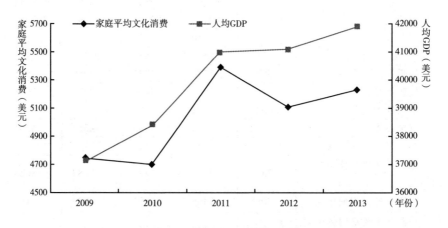

图3 英国家庭平均文化消费与人均GDP

资料来源：英国家庭平均文化消费数据根据英国统计局网站公布的英国家庭平均每周消费数据计算；人均GDP数据来自世界银行。

从文化消费绝对量的角度来看，2009～2013年，英国家庭文化消费支出总量持续增长，从1012.95亿英镑增长至1079.51亿英镑，但增速明显低于消费支出总额的增速，年均增长率仅约为1.6%。从文化消费相对量的角度来看，同期英国家庭文化消费占比持续下降，从2009年的约11.2%下降至2013年的约10.2%。

从文化消费结构的角度来看，2013年，文化与休闲娱乐服务的所占份额最大，约为34.4%（见图4），同时保持良好的增长态势，2009～2013年年均增长率约为3.5%。其次是其他休闲娱乐项目、设备、公园和宠物，占比约为28.4%，其中宠物及宠物用品和运动与露营装备和露天娱乐项目的消费表现了较好的增长势头，2009～2013年年均增长率分别约为4.7%和4.4%。视听、图像和信息处理类别和报纸、书籍和文具类别的支出，分别约占文化与休闲娱乐消费整体比重的 18.7% 和 10.5%，并且这两部分的年均增长率均为负值。

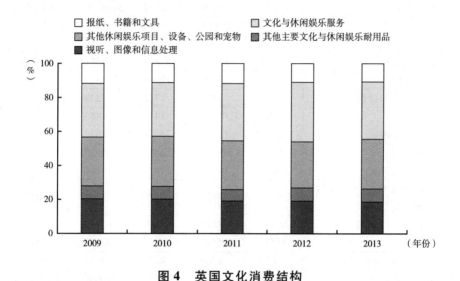

图 4　英国文化消费结构

三　日本文化消费现状

2013 年，日本家庭平均文化消费支出为 36.4 万日元，占总体消费支出的 10.5%（见表 3）。2009~2013 年，日本家庭平均消费支出呈现先降低再上升的趋势，但 2013 年仍不及 2009 年的水平。同期，家庭平均文化消费则表现了上下波动的形态，年均增长率约为 -1.9%。家庭平均文化消费占比先升后降，2012 年和 2013 年稳定在 10.5%。日本将文化消费分为 4 大部分，分别是休闲娱乐耐用品、休闲娱乐用品、书籍和其他印刷品、休闲娱乐服务。

表3 日本家庭平均文化消费支出

单位：日元，%

消费支出领域	2009 年	2010 年	2011 年	2012 年	2013 年
消费支出总额	3500848	3482930	3395587	3434026	3485454
文化消费支出	393079	400153	364711	358947	364329
文化消费占比	11.2	11.5	10.7	10.5	10.5
休闲娱乐耐用品	48162	57881	37468	23210	22092
电视机	21862	30168	12989	3825	3562
照相机和摄影机	3529	3232	2722	2333	2141
乐器	1605	2433	1418	1463	1519
休闲娱乐用品	84530	81570	78220	78022	80632
文具	6981	6803	6816	6795	6844
运动用具	15828	14884	14514	14760	15422
电视游戏机、游戏软件和其他玩具*	8317	7973	7480	7256	7033
书籍和其他印刷品	50888	49543	48397	47625	46722
报纸	35470	34462	33837	33600	32984
杂志和周刊	4617	4460	4333	3985	3953
休闲娱乐服务	209499	211159	200625	210090	214884
住宿费	20253	20528	20225	20870	22519
旅行费	53144	54360	47813	51653	54797
学习班学费	38076	38436	36586	38124	37262
语言和教育类的学习班学费	6755	7098	6668	7305	6476
音乐和娱乐类的学习班学费	13252	12887	11869	12260	11445
其他休闲娱乐服务	98027	97835	96002	99443	100306
付费电视	24911	25719	25867	26281	26193
电影和戏剧等入场费	6410	6724	5406	6137	6626
体育比赛门票、高尔夫费用、体育俱乐部（包括场地和设备租金）**	16320	14434	14439	15158	16924
文化机构入场费	2288	2157	1898	2116	2225

* 2009 年之前的数值只包括电视游戏机和其他玩具。

** 2009 年之前数值只包括体育比赛门票和场地设备租金。

资料来源：日本统计局。

　　根据日本统计年鉴，2009～2013 年，日本家庭平均人数由 3.11 人下降至 3.05 人。根据世界银行数据，2009～2013 年，日本人均 GDP 维持在 4 万美元上下，同时家庭平均文化消费支出处在 3800～5000 美元的水平（见图 5）。

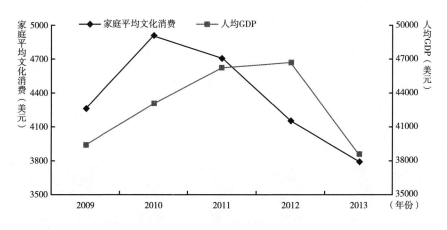

图 5　日本家庭平均文化消费与人均 GDP

　　从文化消费绝对量的角度来看，2009～2013 年，日本家庭平均文化消费支出呈波动走势，从 393079 日元波动至 364329 日元，年均增长率约为 -1.9%。同期，日本家庭平均消费的年均增长率约为 -0.11%。从文化消费相对量的角度来看，日本家庭平均文化消费占比先升后降，从 2009 年的 11.2% 上升至 2010 年的 11.5%，然后持续下降至 2013 年的 10.5%。

　　从文化消费结构的角度来看，2013 年，占文化消费比重最大的是休闲娱乐服务，占比约 59%（见图 6），其 2009～2013 年年均增长率约为 0.6%。其次为休闲娱乐用品，占比超过 22%，其 2009～2013 年年均增长率约为 -1.2%。第三位为书籍和其他印刷品，占比约为 12.8%，其 2009～2013 年年均增长率约为 -2.1%。与其他国家文化消费结构不同的是，表 3 包含了日本家庭参加学习班的学费支出。这是因为日本推行"终身教育"，以此来培育文化教育市场，家庭妇女或者在职员工付费学习各种文化知识、发展业余爱好，例如裁剪、编织、烹饪、茶道、花道、书法、绘画等。

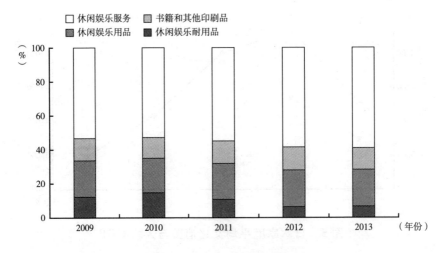

图6　日本文化消费结构

四　韩国文化消费现状

2013 年，韩国家庭平均文化消费支出约为 166.8 万韩元，占总体支出的 5.6% （见表 4）。2009 ~ 2013 年，韩国家庭平均消费支出呈现增长趋势，年均增长率约为 3.7%。同期，家庭平均文化消费支出也呈增长态势，并且增速高于消费支出，年均增长率约为 5.5%。韩国家庭平均文化消费占比从 2009 年的 5.2% 上升至 2013 年的 5.6%。

表4 韩国家庭平均文化消费支出

单位：韩元，%

消费支出领域	2009 年	2010 年	2011 年	2012 年	2013 年
消费支出总额	25790208	27442488	28711992	29489292	29768700
文化消费支出	1347012	1518816	1547352	1628292	1667892
文化消费占比	5.2	5.5	5.4	5.5	5.6
影音设备	110376	110064	109092	101808	72624
照相机、录像机	26160	25392	19740	16668	13020
信息处理设备	111972	117516	111552	100488	93432
录音设备	3180	3744	3720	3672	3024
维修服务（以上4项）	12876	14796	13608	13680	11232
文化休闲耐用品	2736	2424	2940	3828	6492
乐器	11796	13992	16800	15612	13932
保养维修文化休闲耐用品服务	1416	1380	1044	2508	3816
玩具、游戏和兴趣	52488	57444	68532	73272	82296
运动露营设备	51588	61020	70284	73428	80376
花园、植物和鲜花	30852	32820	34548	35544	33024
宠物及相关产品	17604	20184	24348	28260	29100
植物和宠物相关服务	10476	13620	14532	15996	18636
运动和休闲服务	157356	174288	177192	189084	212892
文化服务	270624	291996	315420	339120	353364
彩票	3660	3360	4296	3996	4056
书籍	254532	262824	246840	228312	224280
其他印刷品	34380	32496	29460	27672	25440
文具	40296	45132	54600	60948	67680
旅行费	142608	234348	228804	294420	319176

资料来源：韩国统计厅。

据韩国统计年鉴，2009～2013 年，韩国家庭平均人数由 3.33 人下降至 3.25 人。据世界银行统计，2009～2013 年，韩国人均 GDP 在 1.8 万～2.6 万美元，家庭平均文化消费在 1100～1600 美元的水平上，二者基本保持同方向变动（见图 7）。

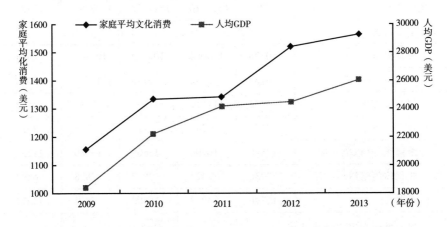

图 7　韩国家庭平均文化消费与人均 GDP

从文化消费绝对量的角度来看，2009～2013 年韩国家庭平均文化消费支出持续增长，从 134.7 万韩元增长到 166.8 万韩元，年均增长率约为 5.5%。从文化消费相对量的角度来看，2013 年文化消费占比较 2009 年增长 0.4 个百分点。

从文化消费支出结构的角度来看，2013 年，以包括购买电子书、观赏电影和观看演出的文化服务消费为最高，占比为 21.2%（见图 8），并且在逐年增加，其 2009～2013 年年均增长率约为 6.9%，2013 年创历史新高。其次为旅行费支出，占比为 19.1%，其 2009～2013 年年均增长率高达 22.3%。对书籍的消费占文化消费的 13.4%，其 2009～2013 年年均增长率约为 –3.1%。在文化消费中，自 2003 年开始统计书籍购买费，此后数年有所增加，但自 2011 年开始出现持续减少，2013 年创有统计以来的新低。排名第四的是运动和休闲服务消费，主要包括韩国人到健身房健身、观看体育比赛、唱卡拉 OK、利用网吧等，该项支出已经连续 7 年增长。

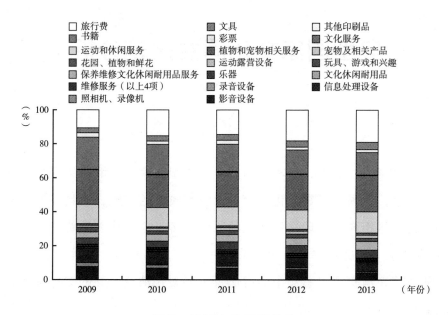

图 8　韩国文化消费结构

典型国家文化消费比较分析

周学仁　赵　平

从对美国、英国、日本和韩国 4 个典型国家文化消费的现状分析
不难看出，各国不但在文化消费占比上有较大的差距，而且在消费结
构上也不尽相同。出现这种情况的原因颇多，比如代表消费能力的人
均 GDP 水平、文化差异、受教育程度、人口结构等。现本文对各国
文化消费在消费支出总额中的占比及主要文化消费产品的差异进行比
较分析。

一　文化消费占比国际比较分析

从美国、英国、日本、韩国、中国的文化消费占消费支出总额的
比重来看（见图 1），尽管日本近年来文化消费占比有所下滑，但日
本的文化消费占总体消费支出的比重仍是最高的，达到 10.5%；英
国文化消费占比持续下滑，中国保持稳定，目前两国的文化消费占比
都为 10.2%；美国作为消费大国，近年来文化消费占比一直徘徊在
8.7% 上下，2013 年微涨到 8.8%；韩国是文化消费占比最低的国家，
尽管略有上升，但 2013 年文化消费占比也只有 5.6%。

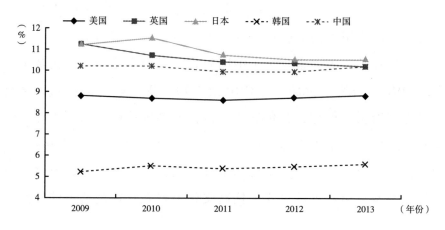

图1　五国文化消费占消费支出比重发展趋势

注：美国、英国、日本和韩国的数据是通过各国统计局网站整理而得，中国的数据来自国家统计局各年的统计年鉴。但是从2013年起，国家统计局开展了城乡一体化住户收支与生活状况调查，这与2013年以前的分城镇和农村住户调查的范围、调查方法和指标口径有所不同。按照新的调查方法，文化消费占消费支出的10.6%，文化消费占现金消费支出的12.8%。为了与之前的数据保持一致，本报告将2013年的数据也按照分城镇和农村住户做了处理。也就是用城镇和农村住户的文化消费占比分别乘以人口权重，得到综合的文化消费占比。

从图1中不难发现，5个国家的文化消费占消费支出的比重差异较大，这种状况是何因素造成的呢？图2描绘的是美、英、日、韩4国的人均GDP与文化消费占比之间的关系。美国在这4国中的人均GDP水平最高，但是其文化消费占比在这四国中仅处于中等水平。其人均GDP在近年处在上升趋势，但其文化消费占比波动不大，稳定在8.7%左右。英国的人均GDP与文化消费占比的变化刚好相反。日本2013年人均GDP大幅下滑，但没有对文化消费占比产生影响。韩国是四国中人均GDP水平最低的，相应地，其文化消费占比也是最低的。

所以不难发现，在消费支出中文化消费的份额几乎不受人均

GDP 的影响。当人均 GDP 发展到一定的水平，人们在消费支出中对文化产品或服务的消费投入的多少基本上取决于消费习惯、生活方式、科技进步等因素。对于中国而言，目前文化消费占比基本稳定在10%。当然，随着人均 GDP 或人均可支配收入的增长，文化消费也会增长，但是，文化消费的占比很难因此而提高。要使文化消费在总体消费中占有更大的份额，国家还需大力发展文化产业，激发文化产业的活力，提供更加丰富的文化产品和服务，通过改变人们的消费习惯和生活方式来提高文化消费在总体消费中的份额。

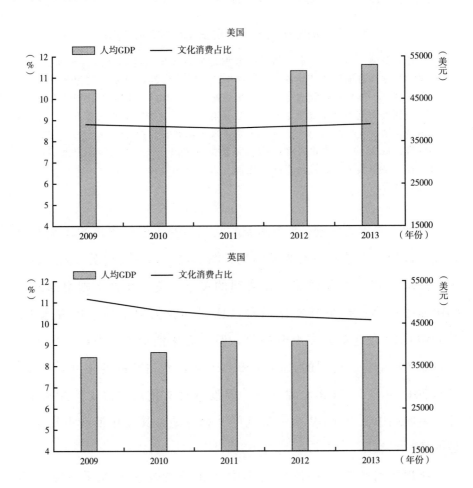

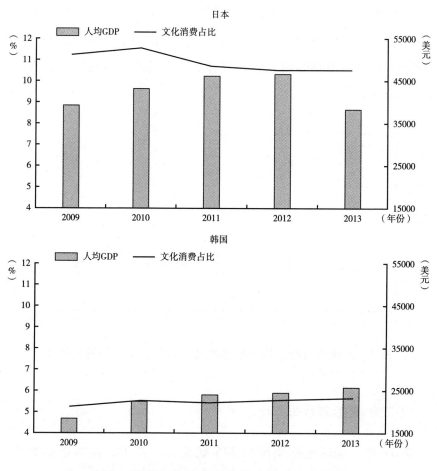

图 2　四国文化消费占比与人均 GDP 示意

二　文化消费重点领域国际比较分析

（一）纸质读物消费国际比较

图 3 给出了美、英、日、韩四国对书籍、报纸杂志和文具的消费

占文化消费的比重。可以发现，韩国国民对于书籍、报纸杂志和文具的消费占文化消费的比重最大，但也是该项份额下降最快的国家。作为阅读大国的日本排名第二，英国和美国的情况大致相同，分别位列第三、第四。

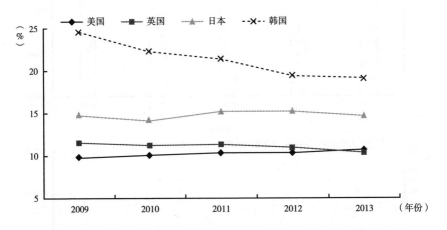

图3　四国的书籍、报纸杂志和文具消费占文化消费的比重

（二）电影消费国际比较

2014 年，全球电影票房为 375 亿美元。其中，美国电影票房达 103.5 亿美元，居全球之首，占全球电影票房总额的比重达 27.6%，中国以 48 亿美元排第二；剩下依次是英国、法国、德国、日本、韩国、印度、澳大利亚和俄罗斯等国，这些国家票房占全球票房总额的比重均未超过 5%。

从全球来看，电影票房的主要驱动力集中在除北美之外的国际电影市场，而国际市场的增长又主要由亚太地区（尤其是中国）带动，2014 年比 2013 年增长 12%。2014 年，全球银幕数量达到 14.2 万块，同比增长 6%，亚太地区银幕数量连续保持两位数的增长（15%）。

截至 2014 年年底，全球已经有超过 90% 的银幕实现数字化。其中，亚太地区得益于数字 3D 银幕的迅猛增长，在银幕总数上已经超越了北美地区，但由于市场饱和，数字银幕整体增长趋势已经变缓。在北美地区，2014 年售出 12.7 亿张电影票，北美观影人数达 2.3 亿人，平均每人每年大约购买 5.5 张电影票。

国外文化消费对中国的启示

周学仁　李文钰

一　国外文化消费重点领域对中国文化消费的启示

（一）纸质读物消费的差距与启示

2013 年，中国国民一年的人均纸质图书阅读量为 4.77 本，而美国一年人均阅读数量为 12 本，韩国为 11 本，日本为 40 本，以色列为 64 本。从中可以看出，中国在书籍消费方面存在严重不足的情况，日本的阅读量是中国的 8 倍多，以色列的阅读量是中国的 13 倍多。2013 年美国的公共图书馆大约有 9000 个，中国的公共图书馆共有 3112 个，还不到美国的一半。美国早在 1977 年就发起了阅读推广活动，并得到法律支持。美国国会图书馆在 30 多年间一直不断开发阅读主题，制订实施指南并付诸实践。我国的阅读推广政策相比于美国来说缺乏持久性，而且不够贴近大众。

我国应借鉴国外的先进经验，提高全民图书阅读率和人均阅读量。首先，应将"全民阅读"提升到更高的国家战略层面。国家主席习近平曾强调："读书可以让人保持思想活力，让人得到智慧启发，让人滋养浩然之气。"李克强总理曾强调："把阅读作为一种生活方式，把它与工作方式相结合，不仅会增加发展的创新力量，而且会增强社会的道德力量。"在美国、法国、德国、日本这样的国家，阅读被当作"总统工程"，国家元首、王室会亲自倡导阅读。例如英国政府实施了"阅读起跑线"项目，为低幼龄儿童及其母亲发放装有阅读材料和文具的礼包。其次，应设立国家读书节，每个城市设立自己的读书节，定期持续开展宣传，加大对阅读的引导力度，增强大众阅读兴趣，推出与中华文化相匹配的阅读活动。再次，应支持实体书店发展，多建立公共图书馆，给予实体书店补贴或减免实体书店税费。中国对公共图书馆发展的重视程度日益提升，但与美国等发达国家相比仍有差距。可以借鉴美国经验，通过法律明确政府的拨款责任，严格监管资金的使用。同时应提高对公共图书馆投入占政府支出的比重，对于乡镇等低级别的图书馆应予以专项拨款以维持其发展。

（二）影视消费差距与启示

2014年，全球票房达到375亿美元，美国全年票房为103.5亿美元，占全球票房的27.6%。2014年，中国的票房比2013年增长了36%，约48亿美元，占全球票房的12.8%。近年来，中国电影银幕数量猛增，居世界第二位，但是截至2013年年底，中国拥有银幕数仅为18195块，而美国约有4万块。中国平均约7.5万人拥有一块银幕，而美国约8000人就拥有一块银幕。2013年，中国进口日本电视节目（包括电视剧、动画电视和纪录片）1299个小时，进口韩国电视节目1383个小时，而向日本出口电视节目仅561个小时，向韩国出口电视节目763个小时。与日韩相比，我国影视产品的制作水平较低，国际化程度仍不足。

美国电影不仅赚取了大量利润，包括票房收入和一些围绕电影的文化商品的收益，而且随着美国电影进入世界各国，美国文化和价值观得到更广范围的传播和输出。日韩电视剧在亚洲国家的传播，也对日韩文化、历史、民族语言、文字、习俗等方面的宣传起到很大的作用。电影可作为传播一国文化的媒介，但我国影视产品质量不高，政府将中华民族优秀的文化转化成文化产品和蕴含于影视产品中的能力尚显不足，使得我国仍处于输入国外文化产品的阶段。

因此，在提升影视文化产品水平、促进影视文化消费上，我国应从以下几方面着手：一是应主要借鉴日韩影视作品的制作经验和推广经验。好莱坞的大制作电影依赖于炫目的特效和各种顶尖的电脑技术造就的恢宏场面。韩国一向依靠细腻的拍摄手法来表现一些动人的情感，温馨的场面、感人的故事是其特色。我国影视文化产品不应一味地追求视觉效果，而忽略影片的内涵，应在探索各类题材影片的同时，基于我国的文化特质找到我国影视文化产品的特点。二是把我国传统文化注入影视作品，鼓励影视制作单位多制作相关题材作品。比如《舌尖上的中国》，不仅宣传了各地美食，促进了旅游经济的发展，还宣传了我国传统的食品工艺和食品文化。三是我国应重视动漫人才的培养，特别是既懂艺术又懂营销的人才，同时，适当引进国外人才，学习国外（特别是日本、美国）动漫制作模式以及经营模式。

（三）休闲与体育类消费差距与启示

休闲服务消费包括主题公园游玩费用、旅行费用等。体育服务消费包括观看体育比赛费用、进行体育活动花费的场地费用、购买体育用品的费用等。我国目前的文化消费分类并没有包含休闲、体育的消费。这说明我国没有认识到休闲、体育服务蕴含的文化力量以及它在宣传社会主义核心价值观上的重要作用。

传统的文化消费不包含休闲、体育服务可能是由于休闲和体育服务带有更强的游玩、娱乐的色彩，较少体现文化的内涵。由于中国传统文化观念的影响，我国国民对体育消费的文化价值、精神价值认识仍不到位。事实上，休闲、体育服务确实具有一定的文化性质和意义。首先，游览有历史意义的名胜古迹，可以增加游客对我国历史和传统文化的了解，培养爱国情操，增强民族自豪感。其次，主题公园不仅以娱乐和休闲消费为主要目的，更能宣传本国文化。最后，体育活动所蕴含的文化力量、精神力量对于弘扬民族精神和形成社会主义核心价值观具有重要意义。

我国应将休闲、体育消费纳入文化消费的统计。这不仅有助于完善文化消费的分类，而且有助于反映我国文化消费的现实。因此，我国应从以下三个方面促进休闲、体育服务的消费。首先，增加对旅游景点的历史和文化介绍。我国是有着悠久历史的文明古国，许多历史遗迹甚至山川河流都有自己的故事，应该在各个景点增加与该景点有关的历史的文字说明，特别是在历史悠久的景点更要增加免费解说员，以便游客了解历史。其次，加强主题公园的构建，增加历史项目。可以在已有的主题公园中增建历史项目，在新建的主题公园中突出历史元素。最后，加强对体育项目的关注，推广全民运动。普及全民运动可以推广体育运动，增加对比赛的关注度，传播体育精神。2013 年，我国人均体育场地面积为 1.46 平方米，不足美国的 1/10，不足日本的 1/2。我国应多建一些配备基本设施的、价格经济的中小场馆，提供多元化服务，增设一些瑜伽馆、羽毛球馆等，采取一些优惠措施，比如对青少年免费、残疾人优惠等。

二　国外文化消费需求对中国文化消费的启示

根据马斯洛的需求层次理论，人只有在基本需求满足后才会考虑其他需求，那么文化消费也就是在满足基本需求之后才出现的。这就意味着，文化消费要在一定的可支配收入的前提下才会实现。美国等发达的资本主义国家无论在收入水平还是基本的社会保障方面显然都优于中国，所以其文化消费的群体规模较大，文化消费水平也比较高。美国的恩格尔系数很低，自1980年以来一直保持在20%以下，而2013年我国城镇居民的恩格尔系数为35%，农村居民为37.7%。居民的文化消费属于消费的高端部分，那么只有在收入满足基本需要和其他需要后有剩余，或者我国基本保障制度能够保证人民基本生活的情况下，居民才有可能增加文化消费。要扩大文化消费的需求，提高居民的文化消费水平，必须改善居民的可支配收入和完善社会保障机制，要深化收入分配制度改革，运用所得税、财产税和补贴等调节收入差距，继续深化医疗、养老和社会保障等体制的改革。

我国与美国消费观念的差异也一定程度地影响了文化消费需求。我国的传统文化教育我们要崇尚节俭，以节俭为美德，所以形成了"以满足生存需要为特征的节约型消费"模式。美国等国的消费观念是超前消费，把明天的钱用于满足现在的需要，截然不同的消费观念造就了文化消费需求的差异。要想增加我国文化消费，就要从消费者角度出发，改变他们"文化消费是一种浪费"的观念。通过网络、电视等媒体，培育和引导人们的文化消费观念，使更多的人逐渐形成文化消费的习惯。

三　国外文化产品质量监管对中国文化消费的启示

在日本，互联网的普及伴随着许多违法、有害信息的传播，给社会造成不良影响，而日本现行的法规政策对此无能为力。在网络文化方兴未艾的今天，日益泛滥的不良文化产品、对作者版权的侵害，无疑都是对文化产品和互联网缺乏监管所致。因此，在注重网络文化发展的同时，也要对其进行规范和监管。美国不仅依靠市场作用使优秀的文化产品在市场中流行起来，还依靠媒体评价宣传文化产品并对文化产业进行监督。在美国，由于电视剧有严格的分级制度，每换一个频道，屏幕上就会显示该节目适合多大年龄的人观看，这就有效地控制了大众文化对青少年可能产生的负面影响。

中国应吸取日本的教训、借鉴美国的经验，对文化产品质量进行更完善的监管。一是要加强执法，在文化产品流入市场之前，确保文化产品是优质的和健康的，让人民群众可以放心消费。二是要注重文化版权问题，我国网络版权问题十分严重，严重侵害了文化产品创作者和生产者的权益。三是要做好文化产品的评价工作，要充分发挥媒体的作用，利用舆论导向引导消费者消费有益的文化产品。为使评价客观准确，还应引入最多人可以参与的网络评价体系。及时引导新书、新电影等的消费，可以在一定程度上推进健康的文化消费。四是可以效仿美国，对文化产品进行分级，把不适合青少年的文化产品但并不是有害的文化产品标注出来，以减少对青少年的影响，保证青少年进行健康的文化消费。

四　国外文化消费促进政策对中国文化消费的启示

美国等国家的文化产业发展水平比较高，文化消费产品品种多，能够满足不同消费者的需求，故其文化消费水平也较高。因此，鼓励文化产业发展，增加文化产品供给，可以在一定程度上推进文化消费。在收入一定的条件下，文化产品的价格越高，意味着消费者的实际收入就越少，而由于文化产品的需求弹性大于生活必需品的需求弹性，所以文化消费比例就会降低。中国现阶段要加大力度对文化产品的价格进行监管，规范文化产品价格的制定，促进文化市场成熟。

韩国文化产业迅速崛起主要取决于其1998年开始实施的"文化立国"战略。韩国政府十分支持文化产业的发展，不断加大文化支出预算，地方政府也同样重视对文化产业的投资。韩国政府还开通了许多融资渠道，并适当给予企业一些税收优惠政策，这些都无疑大力推动了文化企业的发展。中国应借鉴韩国经验，重视文化产业，加大政府对文化产业的投资，给予文化企业贷款优惠，并拓宽文化企业的融资渠道。同时，可适当地给予相关企业一些税收优惠政策，比如对一些博物馆、美术馆要适当进行税收优惠或补贴，对于有重要价值的传统文化，要予以补助，使它们保留下来并传承下去。

美国奉行"法律、媒体、企业三位一体的自由主义文化政策"。美国的文化产业是在市场经济中自由发展的，没有管理机构，仅依靠市场作用实现。自由的政策并不意味着美国的文化产业缺少监管，美国同样有着健全的法律体系对文化产业进行监督和管理。韩国的文化产业实行市场化运营，市场主体身份不受任何限制，这就形成了一个公平竞争的文化市场。因此，中国在依法治理文化市场秩序的同时，可以在文化产业中增加自由的元素，减少对经营主体的限制，企业会更愿意进入文化市场。在市场机制的作用下，文化产品的价格就会得到控制。此外，要加大力度实行文化产业的反垄断，力求建立一个真正自由竞争的文化市场。

2014 ~2015 年中国文化消费大事记

2014年1月

1月3~4日，全国新闻出版广播影视工作会议在京举行。这是国家新闻出版广电总局组建后召开的第一次全国新闻出版广播影视系统工作会议。会议的主要任务是：深入学习贯彻党的十八大和十八届二中、三中全会精神，学习贯彻习近平总书记系列重要讲话精神，学习贯彻全国宣传思想工作会议、全国宣传部部长会议精神，总结2013 年工作情况，部署 2014 年工作任务。

1月9日，国家新闻出版广电总局决定，2014 年 1 ~3 月开展新闻出版"五个专项治理"整改工作。"五个专项治理"整改工作的主要任务包括：打击新闻敲诈专项行动；打击假媒体、假记者站、假记者专项行动；深化整治少儿出版物市场专项工作；治理中小学教辅材料专项工作；规范报刊发行秩序专项工作。

1月23日，国家新闻出版广电总局在官方网站发出了《关于积极开办原创文化节目弘扬和传承优秀传统文化的通知》，要求各广播电视机构对原创文化节目在立项、资金、人才、播出、评价、宣传等各方面予以重点支持和充分保障。广电总局将在上星综合频道黄金时间节目调控、监听监看点评和各类评奖评优中，优先安排和考虑原创文化节目。

2014年2月

2月27日，对外文化工作部际联席会议第五次全体会议在北京召开。联席会议召集人、文化部部长蔡武充分肯定了联席会议的积极作用。他说，联席会议成立5年以来，有效统筹了全国对外文化工作资源，对于推动全国对外文化工作实现跨越式发展、提高文化开放水平、增强国家文化软实力发挥了重要作用。

2月28日，文化部召开文化体制改革工作领导小组会议，文化部部长、部文化体制改革工作领导小组组长蔡武强调，2014年是全面贯彻落实中央关于全面深化改革战略部署的开局之年，是文化体制改革步入攻坚期和深水区的转折之年，也是文化体制改革面临重大历史机遇的关键之年。他用"巩固、提高、突破、拓展"8个字对文化系统体制改革工作的总体布局进行了概括。

2014年3月

3月5日，第十二届全国人民代表大会第二次会议在人民大会堂开幕。根据会议议程，国务院总理李克强代表国务院向大会作政府工作报告。在部署 2014 年的重点工作时，李克强要求发展文化艺术、新闻出版、广播电影电视、档案等事业，繁荣发展哲学社会科学，倡导全民阅读。值得关注的是，倡导全民阅读首次写入政府工作报告。

3 月 18 日，针对中国核心文化产品和服务贸易逆差持续存在等现象，中国商务部公布了由国务院印发的《关于加快发展对外文化贸易的意见》，矢志扭转这一现状。中国商务部服务贸易和商贸服务业司负责人 18 日在就《关于加快发展对外文化贸易的意见》进行解读时指出，近年来，中国对外文化贸易规模不断扩大、结构逐步优化，文化出口企业数量不断增加，文化领域境外投资步伐不断加快。

3 月 19 日，由文化部、中宣部、中央编办、中央文明办、国家发改委、教育部、科技部、财政部、国家新闻出版广电总局等 20 家成员单位组成的国家公共文化服务体系建设协调组正式成立。协调组本着"资源共享、优势互补、互惠互利、共同发展"的原则，统筹整合各部门力量，密切合作，共同推进公共文化服务科学发展。

2014年4月

4 月 2 日，国务院办公厅下发《关于印发文化体制改革中经营性文化事业单位转制为企业和进一步支持文化企业发展两个规定的通知》，其中《文化体制改革中经营性文化事业单位转制为企业的规定》和《进一步支持文化企业发展的规定》两个文件，对文化企业出台了财政税收、投资融资、资产管理、土地处置、收入分配、社会保障、人员安置、工商管理等多方面的支持政策。

2014年5月

5月15～19日，第十届中国国际文化产业博览交易会在深圳举行。本届文博会文化项目和产品总成交额达2324.99亿元，比上届增长39.64%。本届文博会在展会形式上做出重大变革，举办时间由往届的4天延长至5天，并首次区别设置前两日为专业观众日，后3日为公众日，努力营造专业的交易氛围，提高商务洽谈的效率。此外，本届文博会主会场和分会场互动效果明显。54家分会场涵盖创意设计、数字内容、文化旅游等文化产业各主要领域，成交额达1064.39亿元，占总成交额的45.78%。

5月29日，经国家新闻出版广电总局党组决定，报民政部批准，覆盖我国广播影视全行业的社会组织——中国广播电影电视社会组织联合会在京成立，并召开第一次会员代表大会。国家新闻出版广电总局局长蔡赴朝出席并强调，组建联合会，就是贯彻落实党的十八大和十八届三中全会精神，加强新形势下广播影视社会组织建设的重大举措，是广播影视推进政府机构改革和职能转变、推进治理能力现代化的重要方面。

2014年6月

6月6～7日，"2014中法文化高峰论坛"在巴黎的凯·布朗利博物馆举办。为进一步推动中欧在教育、文化、科技等领域的往来与青年交流，延续中欧在思想领域交流所取得的成果，同时突出中法关系在中欧关系中的重要性及特殊性，受中华人民共和国文化部委托，中国社会科学院欧洲所、巴黎凯·布朗利博物馆与北京当代艺术基金会合作举办了该论坛。活动邀请了十多位具有代表性的人文学术领域领袖，围绕创新性人文社会最具挑战性的主题开展探讨。

6 月 19 日，财政部、国家发改委、国家新闻出版广电总局等七部门下发了《关于支持电影发展若干经济政策的通知》，此政策覆盖了电影行业从制片到发行、影院投资等各个层面，同时指出了电影产业与科技、金融产业融合发展的未来路径。

2014年7月

7 月 17 日，科技部高新司、中宣部改革办在成都召开国家文化科技创新工程西部行动工作交流会。会议提出了《国家文化科技创新工程西部行动方案》，签署了《国家文化科技创新工程西部行动合作倡议书》，成立了文化科技创新服务联盟。这标志着国家文化科技创新工程西部行动全面启动。

2014年8月

8 月 19 日，文化部、工业和信息化部、财政部联合印发了《关于大力支持小微文化企业发展的实施意见》，提出增强创新发展能力、打造良好的发展环境、健全金融服务体系、完善财税支持政策、提高公共服务水平等支持小微文化企业发展的政策。

8 月 21～25 日，第六届中国国际影视动漫版权保护和贸易博览会（以下简称"漫博会"）在东莞举行。本届漫博会采取"一会四展多分会场"的办展模式，主会场设在东莞市国际会展中心，面积近5万平方米，约2000个国际标准展位。该展会主要举办影视动漫原创展、动漫衍生产品展、品牌授权展和动漫游戏展。此外，还设松山湖创意公园、东莞图书馆、东莞动漫城、功夫龙亲子城、东莞科技馆、华南MALL和东城儿童剧场7个分会场。

8月27～31日，第二十一届国际图书博览会在京举行。来自近80个国家和地区的2000多家中外参展商进行了广泛的版权交易。本届图博会展览面积5.36万平方米，共有来自78个国家和地区的2162家中外出版单位参展。其中，海外参展商达1228家，是国内展商的1.3倍，比上年同期增长11.4%。展览展示了约30万种精品图书，举办1000多场文化交流活动，参展参观人数逾20万人次。

2014年9月

9月11日，中国文化馆协会在北京成立。文化部部长蔡武表示，成立中国文化馆协会是进一步推动政府职能转变、实行政事分开和管办分开，建立政府、市场和社会良性互动关系的重要突破口，对深化文化体制改革、构建现代公共文化服务体系、促进文化馆站事业科学发展具有重要意义。

9月15～17日，由世界知识产权组织（WIPO）与中国国家版权局共同主办，成都市人民政府、四川省版权局协办的2014年国际版权论坛在成都举行。论坛以"版权、创新与发展"为主题，旨在聚集海内外版权界杰出代表，共同探讨"版权与相关权在中国的发展"、"版权、创造和发展之间的关系"和"增加文化产品的经济价值"等议题。

9 月 22～27 日，由中国西部公共图书馆联合会主办，西安市图书馆学会、西安图书馆承办的"中国西部公共图书馆联合会首届（2014）年会暨学术讨论会"在西安举办，来自全西部地区的 200 余名代表参加了本次学术讨论会。本次学术讨论会旨在促进中国西部地区公共图书馆事业的发展，搭建西部地区公共图书馆学术交流的平台，开展成员馆之间资源整合、业务交流、人员培训等实质性合作。

2014年10月

10 月 15 日，文艺工作座谈会在京举行。中共中央总书记习近平在北京主持召开文艺工作座谈会并发表重要讲话，引发社会各界特别是文艺界的广泛关注。习近平提出，在大家共同努力下，我国文艺园地百花竞放、硕果累累，呈现繁荣发展的生动景象。但也存在着有数量缺质量、有"高原"缺"高峰"的现象，存在着抄袭模仿、千篇一律的问题，存在着机械化生产、快餐式消费的问题。文艺不能在市场经济大潮中迷失方向，不能在为什么人服务的问题上发生偏差，否则文艺就没有生命力。文艺要反映好人民心声，就要坚持为人民服务、为社会主义服务这个根本方向。能不能搞出优秀作品，最根本的决定于是否可以为人民抒写、为人民抒情、为人民抒怀。

10 月 17～20 日，由文化部、北京市人民政府共同主办，中国动漫集团、北京市文化局联合承办的"动漫北京·中国国际网络文化博览会"（第 12 届）在北京展览馆举办。本届博览会展会部分共有 7 大板块，包括青年创业创意人才扶持计划展、互动娱乐产品展、数字数码及网络新技术产品展、动漫游戏成果展、动漫互动体验展、动漫游戏嘉年华以及地方文化产业园区主题展。

2014年11月

11月1日至12月25日，第六届奥林匹克戏剧节在北京举办。45台中外大戏轮番上演，其中外国戏剧作品占2/3，中国戏剧作品占1/3。演出作品的艺术形式包括话剧、歌剧、舞剧、戏曲等主要戏剧艺术门类。国际化、高端化、多样化是本次戏剧节的突出特点。

11月27日，由中国文化部、俄罗斯联邦文化部主办，中国文化传媒集团承办，中俄友好、和平与发展委员会特别支持的第二届中俄文化论坛在北京开幕。作为"中俄青年友好交流年"框架下的重要活动，第二届中俄文化论坛旨在通过双方政府决策部门、文化艺术机构和学术研究机构、社会组织之间的深度对话，加强两国间人文交流与合作，促进两国文化产业发展，增进两国青年一代的相互了解和友谊，加强中俄边境地区的友好合作。

2014年12月

12月16日，历时半年多的"2014中国－东盟文化交流年系列活动"在缅甸首都内比都落幕。作为中国与区域组织举办的首个文化交流年，中国与东盟在文化交流年框架下举办了近120项活动，覆盖会议、演出、展览、人员培训与交流、新闻、影视、出版、体育、旅游、宗教、青年交流等多个领域，双方还结合21世纪海上丝绸之路、"欢乐春节"等主题举办了形式多样的文化活动，为加深双方了解与互信、增进民众友好情谊发挥了积极作用。

12月24日，全国人大教科文卫委员会、国家新闻出版广电总局有关部门负责人以及江苏省相关部门负责人齐聚一堂，共同探讨我国首部促进全民阅读地方性法规的现实意义和落实路径。《江苏省人民代表大会常务委员会关于促进全民阅读的决定》于2015年1月1日正式实施。江苏省人大常委会副主任许仲梓表示，《江苏省人民代表大会常务委员会关于促进全民阅读的决定》的颁布实施是贯彻党的十八大和十八届三中、四中全会精神，运用法治思维和方式推进全民阅读，构建全民阅读法律保障机制的重要举措，也是适应江苏经济社会发展，依法保障公民的阅读权利，引领全民阅读风尚的内在要求。

2015年1月

1月12日，应香港贸易发展局邀请，由文化部主办的"香港国际授权展·中国内地馆"开幕。这是文化部首次以"中国内地馆"形式，组织内地40多家文化机构和企业参加第十三届"香港国际授权展"这一国际性商贸活动。近年来，内地文化产业正处于转型升级的关键时期，优化产业结构、扩大文化消费将是未来行业发展面临的重要任务，而授权可以有效实现文化创意与产业之间的联结，引导市场资源合理结合，深度挖掘产业附加值，在帮助产业升级转型方面能够发挥突出作用，应给予高度重视。

1月21～22日，全国文化市场管理工作会议在河南洛阳召开。

会议认为，2014 年全国文化市场管理工作呈现监管与服务并重的特点，在改革、发展、基础工作和解决重大难题等方面取得了新的突破和进展。会议指出，互联网上网服务行业标本兼治、转型升级工作正在逐步取得成效，但行业积累的矛盾和问题非一日之寒，解决问题、改变形象也非一日之功。会议还对 2015 年文化市场管理工作做出具体部署，提出要紧紧围绕建立健全现代文化市场体系，一手抓促进发展与繁荣，一手抓加强执法与监管。

2015年2月

2 月 11 日，文化部举行 2015 年第一季度例行新闻发布会。会上回顾了近年来文化部对外文化工作的成绩，公布了 2015 年对外文化工作重点。近年来，尤其是党的十八大以来，我国对外文化工作在广度、深度和高度上均有重大突破，有效地增强了国家文化软实力。2015 年，文化部将重点推进以下对外文化工作：一是服务国内外工作大局，发挥文化外交魅力。配合纪念中国人民抗日战争暨世界人民反法西斯战争胜利 70 周年，在全球开展主题展览等活动。紧密配合共建"一带一路"，办好"丝绸之路国际艺术节""中阿丝绸之路文化之旅"系列活动、中阿合作论坛等重点项目以及重点文化外交活动。二是加强思想对话，深化中外思想文化交流交融。继续办好"汉学与当代中国"座谈会及落实好"青年汉学家研修计划"。三是加强机制建设，使对外文化交流提质增效。推动各项文化交流机制不断成熟，继续办好上海合作组织成员国文化部部长会议等对外文化"主场"活动。四是持续打造品牌，提升"欢乐春节"的国际影响力。

2015年3月

3月12日，文化部财务司发布《全国专业剧场发展情况调研报告》（以下简称《报告》）。《报告》显示，截至2013年年底，我国有专业剧场873家，占全国演出场所的30.7%。全年专业剧场演出4.05万场，观众总人数3229万人次。《报告》指出，近年来，我国专业剧场发展迅速，已经成为推动艺术市场繁荣发展的重要力量，但总体上看，专业剧场的总量还明显不足，运行管理机制仍不健全。专业剧场定性定位模糊、建设管理和服务标准欠缺、管理和运营人才匮乏、我国居民文化消费习惯尚未形成、引导激励社会资本进入剧场的渠道政策仍不完善等一系列难题亟待破解。

3月26～29日，博鳌亚洲论坛年会在海南博鳌举行。论坛年会举办了"21世纪海上丝绸之路建设""美的力量：世界文化艺术的未来"等主题分论坛。

2015年4月

4月8日，为营造良好的市场环境，规范市场秩序，改善行业形象，针对个别企业在网络游戏宣传推广活动中掺杂暴力色情内容以及侵犯著作权、侵犯用户隐私等违规营销现象，文化部发出了《关于加强网络游戏宣传推广活动监管的通知》。该通知强调，各地文化行政部门和文化市场综合执法机构要树立"看得见、管得住"的指导思想，建立全领域监管理念，将网络游戏宣传推广活动纳入监管范围。

4月22日，受国家版权局委托，中国信息通信研究院在京发布了《2014年中国网络版权保护年度报告》。该《报告》指出，2014年我国版权执法监管部门准确把握互联网尤其是移动互联网产业发展的新形势，加强执法、厉行监管，推动网络版权保护取得积极成果，营造了健康、有序的网络环境。但同时仍存在诸多问题和挑战，加强网络版权执法、打击网上侵权盗版行为，仍是我国一项长期、复杂、艰巨的任务，同时也是依法治理网络空间、推动知识产权保护的重要举措。

2015年5月

5月14~18日，第十一届中国（深圳）国际文化产业博览交易会（以下简称深圳文博会）在深圳举行。第十一届深圳文博会的文化项目和产品总成交额达2648.18亿元，比上届增长13.9%。在第十一届深圳文博会的出口成交额中，"一带一路"沿线海外国家的文化产品和项目交易成交额达101.84亿元，占总交易额的61.78%，成交额比上届增长11.12%。一年一度的深圳文博会由文化部、商务部、国家新闻出版广电总局、中国贸促会、广东省人民政府、深圳市政府联合主办，是我国目前唯一的国家级、具有国际化和综合性的文化产业博览交易会，已成为很多海外文化企业与机构采购中国文化产品、了解中国文化市场的首选展会。

5月15日，在国务院总理李克强和印度总理莫迪的共同见证下，新闻出版广电总局副局长兼中央电视台台长聂辰席与印度广播公司首席执行官贾瓦哈·瑟伽在人民大会堂签署《中国中央电视台与印度国家电视台广播领域合作备忘录》。双方表示，将以此次签署合作备忘录为契机，进一步加强在新闻、电视剧和纪录片等方面的交流与合作。

5月27~29日，美国书展中国主宾国活动在纽约贾维茨会展中心举行。中国出版代表团在此次书展上共输出项目1328项，引进项目462项。在主宾国活动期间，中国圆满完成出版高峰论坛、出版交流活动以及作家学者交流活动、中国图书销售推广活动、文化艺术系列展览等活动。

2015年6月

6月5日，国家新闻出版广电总局在京举行贯彻落实《关于加快构建现代公共文化服务体系的意见》新闻通气会，会议就总局日前下发的《关于贯彻落实〈加快构建现代公共文化服务体系的意见〉的实施方案》（以下简称《实施方案》），向与会媒体做了通报。《实施方案》的重点任务是：以人民群众基本文化需求为导向，围绕看电视、听广播、读书看报、看电影等群众基本文化权益，进一步加强新闻出版广播影视基础设施标准化建设，着力提高新闻出版广播影视公共产品供给能力和服务水平。此次随同《实施方案》下发的《新闻出版广播影视基本公共服务项目指导标准（暂行）》，是在国家指导标准基础上，进一步明确细化了读书看报、收听广播、观看电视、观赏电影4个基本公共服务项目的暂行指导标准。

6月10日，第三届中韩文化产业论坛筹备会在京举行。近年来，中韩两国领导人互访频繁，就进一步密切两国人文交流达成诸多重要共识，推动两国文化交流合作深入开展。

图书在版编目（CIP）数据

中国文化消费报告.2015／吕炜等编著.－－北京：
社会科学文献出版社，2016.6
（上海研究院智库丛书）
ISBN 978－7－5097－8840－0

Ⅰ.①中…　Ⅱ.①吕…　Ⅲ.①文化生活－消费－研究
报告－中国－2015　Ⅳ.①G124

中国版本图书馆CIP数据核字（2016）第043003号

· 上海研究院智库丛书 ·

中国文化消费报告（2015）

编　　著／吕　炜　等

出 版 人／谢寿光
项目统筹／邓泳红　桂　芳
责任编辑／郑庆寰

出　　版／社会科学文献出版社·皮书出版分社（010）59367127
　　　　　　地址：北京市北三环中路甲29号院华龙大厦　邮编：100029
　　　　　　网址：www.ssap.com.cn
发　　行／市场营销中心（010）59367081　59367018
印　　装／北京季蜂印刷有限公司

规　　格／开本：787mm×1092mm　1/16
　　　　　　印张：12　字数：149千字
版　　次／2016年6月第1版　2016年6月第1次印刷
书　　号／ISBN 978－7－5097－8840－0
定　　价／69.00元